사랑하는 당신에게

사랑하는 당신에게
함께 걷는 길 위에서

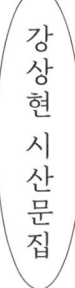

강상현 시 산문집

YOSEMITE

당신은 내게
세상에서 가장 예쁜 꽃이었고
당신은 내게
세상에서 가장 맑고 밝은 별이었소

프롤로그

어느 노학자의 때늦은 고백

어느새 칠순의 나이가 되었다. 세월 참 빠르다. 어느 틈에 여기까지 와 버렸다. 그런대로 잘 달려왔다고 생각했는데 작년에 고장이 나고 말았다. 그것도 큰 고장이 났다. 중증 암 환자 판정을 받은 것이다. 전혀 뜻밖의 변고였다. 절망적이었다. 반 년 정도 항암치료를 하고 올해 1월 초 수술을 했다. 의사는 "수술은 잘 됐다"고 했다. 그래서 꽃피는 봄이 오면 나도 다시 피어날 줄 알았다. 웬걸! 2월에 다른 데로 전이됐다는 진단이 나왔다. 의사는 그 상태에서 치료가 제대로 안 되면 올해를 넘기기 어려울 수도 있다고 했다. 그 소식에 아이들과 손주들이 많이 울었다. 어쨌든 다시 치료에 들어가게 됐다.

10년 전 아내가 먼저 세상을 떠났다. 이 역시 전혀 뜻밖의 변고였다. 당시 메르스 사태로 해외여행이 한때 어려웠던 적이 있었다. 우리 부부는 이미 예약한 스페인 여행을 취소하고 대신 제주도로 갔다. 아내는 제주도를 좋아하는 올레꾼이었다. 그런데 자전거 사고로 머리를 다쳐 제주에서 응급 수술을 받고, 서울로 긴급 이송되어 치료받았으나 80일간의 투병 끝에 결국 선종했다. 아내는 환갑을 1년 앞두고 하느님 곁으로 간 것이다.

그렇게 아파 힘들고, 슬퍼 안타까운 상황 속에서도 항암 치료 1년이 지나면서 때를 맞춘 듯 두 개의 소망이 이루어졌다. 하나는 다행스럽게 병세가 크게 호전된 것이다. 의사는 "드라마틱하게 좋아졌다"고 웃으며 말했고, 내가 다니는 성당의 신부님은 그걸 "기적"이라고 했다. 정말 감사한 일이다.
다른 하나는 별로 생각지도 않았던 이 책의 출판이다. 문학적 글쓰기에 미련은 있었지만 그런 글을 써 본 지는 참 오래되었다. 정년 퇴임을 앞두고 어쩌다 습작처럼 끄적거린 건 몇 개 있었다. 암 선고를 받고 병원을 오가면서는 글을 좀 더 쓰게 되었다. 치료하는 것 말고는 별로 하는 게 없었기 때문이다. 큰 병치레를 하다 보니 더욱 절실한 마음으로 뭔가를 표현하고 싶은 욕구도 있었던 모양이다. 그러나 아직 책으로 출판할 정도의 수준은 물론, 분량도 안 됐다.

그런데 출판의 기회는 우연히 찾아왔다. 마침 병원에 같이 갔던 아내의 대모이자 은사님 되시는 분이 다른 분의 책 출판 얘기를 하시다가 나에게도 출판을 권유하셨다. 가끔 내가 쓴 글을 카톡으로 보내 드리곤 했는데, 그분 말씀으로는 "글이 좋다"며 책으로 내 보라고 하셨다. '아직은…' 하는 생각이었지만, 그 말씀이 마중물이 되었다.

그 뒤 얼마 안 돼 잡지와 출판 경험이 많은 후배가 병문안을 왔는데, 역시 출판 얘기가 나왔다. 그 후배도 아주 가끔이었지만 내가 쓴 글을 본 적이 있었다. 아예 자신이 대표로 운영하는 출판사에서 책을 내겠다는 말까지 했다. 그 말이 나의 글쓰기에 속도를 붙였다. 특히 올해 9월이 아내 10주기가 되는 때이기에 그에 맞추어 책이 나오면 좋겠다는 생각을 했다. 아내 1주기에 가족 단위 추모집으로 사진첩 같은 책을 하나 낸 적이 있었다. 사랑하는 아내의 영전에 이 책을 헌정한다면 더없이 좋겠다는 생각이 나의 글쓰기에 더욱 불을 붙였다. 그러다 보니 책을 낼 만한 분량이 채워졌다.

이 책은 시산문집이다. 수필과 시로 구성되어 있다. 좀 특이한 것은, 많은 글이 같은 제목의 수필과 시로 병치(併置)되어 있다. 어느 날 글을 쓰면서 같은 제목으로 시도 쓰고 수필도 쓰는 것이 가능하지 않을까 하고 생각해 봤다. 그래서 계속 그런 시도를 했다. 어떤 때는 수필을 먼저 쓰고 그 뒤 같은 제목의 시를 썼고, 또 어떤 때는 시를 먼저 쓰고 그 뒤에 수필을 썼다. 대부분 수필을 먼저 쓰고 나중에 시를 썼다. 일부만 시를 먼저 쓰고 뒤에 수필을 썼다. 시는 수필로 쓴 내 마음을 줄인 글이라고 생각했고, 수필은 시로 쓴 내 마음을 늘인 글이라고 생각했다. 그런 가운데 자연스러운 것도 있지만 어색한 것도 있으리라 본다. 그런 판단과 평가는 읽는 사람의 몫으로 넘겨드려야 할 것 같다. 그러면서도 같은 제목으로 시도 쓰고 수필도 쓰는 이런 시도가 나름 평가받기를 기대해 본다. 출판을 도와준 후배는 "읽는 사람은 그런 거 신경 안 써요"라고 말했지만.

또한 이 책은 3부로 구성되어 있다. 제1부(살아 보니 : 천상 아내에게 바치는 사랑 고백)에는 사랑하는 아내를 생각하는 글을 비롯하여, 어릴 때부터 칠순의 나이에 이르기까지 내게 비교적 큰 추억으로 남아 있는 일화적인 글들이 모여 있다. 제2부(아파 보니 : 병상 자신에게 던지는 신앙 고백)는 암 선고를 받고 나서 환자로서 그때그때 느낀 개인적 소회와 투병 과정에서 경험한 신앙적 체험들을 주로 다루고 있다. 그리고 제3부(쓰다 보니 : 세상 벗들에게 전하는 짧은 고백)에는 나름 시랍시고 끄적여 본 글들을 따로 모았다.

이 책은 나 자신의 때늦은 고백이기도 하다. 우선 어린 시절 한때 가졌던 나의 문학적 글쓰기 체험을 뒤늦게나마 다시 되살리고 싶었던 나의 바람을 담았기 때문이다. 그리고 정말 하고 싶었던 문학적 글쓰기를 통해, 하고 싶었지만 하지 못했던 얘기들을 뒤늦게나마 풀어 내고 싶다는 내 의지의 표현이기도 하다. 늦었지만 건강이 허락한다면 이런 고백은 앞으로도 계속 해 보고 싶다.

책을 내며 꼭 감사해야 할 사람들이 있다. 이 책 출판은 앞서 말한 아내의 대모이자 스승이셨던 신숙원 교수님의 출판 제안이 없었으면 시작도 못했을 것이다. 불이라면 불씨, 물이라면 마중물이 되어 주신 선생님께 감사드린다. 마침 그럴 때 혜성처럼 나타나 기꺼이 출판해 주겠다고 나선 후배이자 제자인 신주영 안젤라에게도 감사한다. 이 책 때문에 큰 손해 안 봤으면 좋겠다. 또한 출판을 앞두고 친한 후배와 제자 몇 명에게 내가 쓴 글을 한번 읽어 보라며 카톡으로 전했는데 나름의 감상 비평을 해 준 그들에게 감사한다. 모든 글을 다 읽어 보고 나름의 평가와 함께 심지어 꼼꼼히 교정까지 봐 준 최옥림에게 특히 고맙다.

그리고 내가 투병 생활을 이어 가는 동안 걱정과 함께 응원과 기도를 해 주시고 물심양면으로 성원해 주신 모든 분께 감사드린다. 엄마를 잃은 아이들이 이번에는 아빠 때문에 많이 힘들었다. 사랑하는 아들 종민, 딸 아람과 사위 남진, 손주 연호와 아인 그리고 얼마 전 나의 칠순 잔치에 함께 한 든든한 우리 독수리 5형제와 그 가족들에게도 감사한다. 이 책을 10주기를 맞는 아내 정영애 시에나 카타리나 영전에 바친다. 무엇보다도 소망을 이루게 하시는 주님께 감사하면서.

2025년 9월

운촌(雲寸) 강상현

차례

프롤로그 6

Part 1
살아 보니
천상 아내에게 바치는 사랑 고백

보약(步藥)	19
서울둘레길 한 바퀴	28
까까머리의 통곡	45
205번 버스와 점쟁이	53
제주항에서	62
격세지감 1	69
격세지감 2	76
마스크 수업	85
주님과 주놈	91
꿈보다 해몽?	98
사랑하는 당신에게	106
사별(死別)	114
나는 독립 만세	122

Part 2

아파 보니
병상 자신에게 던지는 신앙 고백

내가 바라는 기도	135
아파 보니	143
고해(告解)	155
좋은 준비	162
출발 예정일	170
아프니까 못 하는 것	179
아무튼 아프지 말기를!	188
이별 예감?	198
되돌아보니	205
가족 사진	214
부활	224
감사하지 않을 수 없네	230
간병 유감(遺憾)	238

Part 3

쓰다 보니
세상 벗들에게 보내는 짧은 고백

어느새 나도	251
이미 가장 즐거웠던 날	252
가을비	254
의사 윤한덕	256
늘	258
눈빛 마을	261
물어보게 되네	263
텔레그램	265
돌아온 캠퍼스	267
첫사랑	268
첫 키스	270

코로나	272
어버이날	276
노숙자 예수	277
어려운 사람 웃기는 사람	279
사람 사이	280
그대 지금 어디에 있나	281
시간 1	282
시간 2	283
아들 생각	284
꽃다운 친구야	286

Part 1

살아 보니
천상 아내에게 바치는 사랑 고백

———————

그의 죽음은 단지
그가 나를 떠나는 것만이 아니다
그 속에 있던 나도 함께 떠나는 것이다
죽음은 그래서 아프고 슬픈 것이다
사랑하는 이의 죽음은
그래서 더 아프고 더 슬픈 것이다

보약(步藥)
- 걷는 게 약이다

언제부턴가 나는 매일 걷는다. 이젠 거의 습관이 됐다. 기왕 걷는 것이니 하루 만 보 이상 걷는 걸 목표로 삼고 있다. 만보계를 따로 차지 않아도 된다. 스마트폰만 가지고 나가면 된다. 건강 체크 앱이 있어 자동으로 걸음수가 계산된다. 굳이 그걸 손에 들고 갈 필요도 없다. 허리 밴드에 살짝 끼워 넣으면 걷는 데 전혀 불편이 없다.

아침에 일어나면 맨 먼저 화장실부터 다녀온다. 따뜻한 물 한 잔 한 뒤 운동복으로 갈아입고 밖으로 나간다. 아침에는 일단 5천 보 이상 걸어 둔다. 나머지는 하루의 일상 속에서 보충하면 하루 1만 보 목표는 어렵지 않게 달성된다.

아침에 늘 가는 곳은 주로 동네 공원이다. 요즘 내가 머무는 곳은 만리동 고개 입구에 있는 한 오피스텔. 바로 뒤에 손기정체육공원이 있다. 일제 강점기 때인 1936년 베를린 올림픽 마라톤 경기에서 금메달을 따내 민족적 영웅이 되었던 손기정 선수. 당시 그분이 다녔던 학교가 있던 곳에 그 우승을 기념하는 공원이 자리 잡고 있다. 공원 한편에는 잔디를 입힌 작은 축구장이 있고 그 둘레에는 이중 트랙이 있다. 안쪽 트랙은 달리기(running)용, 바깥쪽은 걷기(walking)용이다. 달리기용 트랙은 한 바퀴 250m. 걷는 트랙은 그보다 약간 긴 편. 내 걸음으로 열한 바퀴를 돌면 5천 보를 살짝 넘는다. 처음에는 그냥 세기 좋게 딱 열 바퀴를 돌았는데, 그래도 5천 보는 넘겨야지 하는 욕심(?)에 한 바퀴를 더 돌고 있다. 이젠 그게 습관이 됐다.

성당에 다니는 나는 아침에 일어나면 먼저 기도부터 한다. 가끔은 그냥 나와 걸으면서 기도하는 경우도 있다. 어쨌든 기도와 걷기로 시작하는 아침은 참 좋다. 자기반성도 되면서 새로운 다짐도 하는 시간이기 때문이다. 돌아가신 분들을 기억하는 시간이고, 함께 살아가는 이들도 생각하는 시간이다. 가끔 복잡한 일로 마음이 무겁고 힘들 때에도 걷다 보면 어느새 맘이 편해진다.

어디 그뿐인가? 몸도 더욱 가벼워진다. 밤새 자다가 아침에 일어나면 나는 늘 몸 움직임이 자연스럽지가 않다. 팔다리가 약간 부은 것 같기도 하고 허리가 다소 굳은 것 같기도 하여 엉거주춤 자리에서 일어나기 일쑤다. 물론 나이 탓도 있겠지만 오래전에 다친 허리 때문이 아닌가 하는 생각도 들곤 한다.

　벌써 30년이 넘었다. 1990년대 후반 지인들과 야외 운동을 하다가 넘어져 허리를 다친 적이 있었다. 다행히 뼈를 다친 것은 아니었지만 그 후유증이 오랫동안 나를 괴롭혔다. 바쁜 일로 제대로 몸 관리를 안 하면 가끔 허리에 심한 통증이 오곤 했다. 어떤 때는 며칠씩 편히 걷지 못할 때도 있었다. 그때마다 허리 보호대를 이용해서 겨우 지탱하곤 했다. 그런데 요즘은 그런 일이 많이 줄어들었다. 걷기 때문이 아닌가 생각한다. 계속 꾸준히 걷기 운동을 해 온 덕분에 평소에 허리 보호대를 차는 경우는 거의 없다. 다만 야외 운동을 할 때는 허리에 가해지는 충격을 줄이기 위해 보호대를 이용하고 있다.

　그래도 아침에 일어나면 몸이 좀 부자연스러운 건 지금도 마찬가지다. 그건 어쩔 수 없는 나이 탓일 게다. 유연성도 그만큼 떨어졌을 것이다. 그런데 아침에 일어나 조금 걷다 보면 그런 불편함이 금세 사라진다. 간혹 허리 통증이 느껴질 때도 트랙을 한두 바퀴 돌고 나면 통증이 줄어들다가 결국은 대부분 사라진다. 그때마다 역시 '걷는 게 약'이라는 생각을 하게 된다. '그래, 걷는 게 약이니 보약(步藥)이지'라고 혼잣말하면서 웃곤 한다. 최근에 읽은 어느 책에서 고대 그리스의 의사이자 의학자였던 히포크라테스도 이미 오래전에 "걷는 것이 가장 좋은 약"이라 했다 하니 "걷는 게 보약"이란 말은 동서고금의 예외 없는 진리가 아닌가 싶다.
 그러고 보니 걷는 운동은 가성비가 가장 좋은 운동이기도 하다. 걷는 데는 별다른 비용이 들지 않는다. 필요한 것은 단지 마음이고, 굳이 내야 할 것이 있다면 그건 시간이다. 마음먹고 시간만 내면 가능한 운동이 걷기이다. 내야 할 시간조차 없는 경우에도 걷기 운동은 가능하다. 마음만 먹으면 안에서든 밖에서든 다른 일 하면서도, 심지어 제자리에서라도 걸을 수는 있기 때문이다. 그러면 스마트폰 안의 만보계는 자동으로 돌아가게 마련이다.
 이런 생각으로 나는 오래전부터 걷기를 즐겨 했다. 걷기가 일상화되었고, 매일 걷지 않으면 안 될 정도로 중독되어 있다. 걷는 것에 중독되었고, 만 보 이상 걷기에 중독되었다. 매일매일 하루 동안 걸은 수치가 나오므로 어떻게든 하루 만 보 이상을 채워야 마음 편히 자는 습관이 생겼다. 날짜가 바뀌는 자정 가까워졌을 때까지 만 보를 채우지 못한 날에는 비상이 걸린다. 그런 날엔 시간을 다투며 거실에서라도 똥 마려운 강아지처럼 속보로 걷는다. 간혹 만 보를 못 채운 날의 계기판 수치는 마치 상처나 흉터처럼 느껴진다. 반대로 만 보 이상으로 꽉 채워진 일련의 계기판 수치는 든든한 자부심이 된다. 늘 만 보 이상 걷는다는 자랑질과 함께.
 걷는 운동은 언제 어디서나 가능하다. 간편한 복장에 가벼운 신발만 신으면 언제 어디서든 쉽게 걷는 운동을 할 수 있다. 별다른 준비 없이 그냥 평소에 입던 옷과 신발로도 얼마든지 가능한 운동이다. 다만 걷는 것이 좀 더 좋은 보약(步藥)이 되기 위해서는 걷기에 좋은 복장과 신발을 준비하고, 걷기에 좀 더 나은 때와 장소를 택해야 한다. 그냥 걷기만 하는 것이 아니라 생각하기 좋은 시간에, 걷기에 알맞은 (기왕이면 공기 좋은) 장소에서 걷기 편한 복장과 신발로 걷는다면 훨씬 기분도 좋고 몸에도 좋을 것이다.

다행히 사는 곳마다 크고 작은 공원이 있어, 나는 공원 길을 이용해서 많이 걸었다. 잠실에 기거할 때는 아파트 주변에 아시아공원이 있어 그곳 산책로를 자주 이용했다. 잘 정비된 산책로 길이가 750m 정도 되어 네 바퀴 정도 돌면 오천 보가 넘었다. 집에서 오가는 거리가 있으니 세 바퀴만 돌아도 족히 오천 보는 됐다. 가끔은 탄천변을 거쳐 한강 쪽으로 나가서 종합운동장을 돌아 나오면 그것도 비슷한 거리가 됐다.

잠시 공직에 있을 때에는 서울역 염천교 옆 한 오피스텔에 살았는데 바로 그 앞에 서소문역사공원이 있어서 매일 아침 그 길을 걸었다. 마침 서소문공원은 옛 사형터가 있던 천주교 순교성지이기도 했기에 자연스럽게 걷기 운동은 현양탑 앞에서 하는 기도로 시작됐다. 그리고 여섯 바퀴를 돌고 나서 스마트폰을 보면 오천 보가 조금 넘어 있었다. 성지순례길이 아침 도보길이 되었으니 매일매일의 아침은 참으로 거룩한 시간이었다. 새벽길을 걸을 때 가까이 있는 약현성당에서 울려 나오던 6시를 알리는 종소리는 기도하며 걷는 마음에 더 큰 보약이 되었다. 또한 그때의 걷기는 교회의 여러 기도문을 외우는 좋은 기회가 되기도 했다. 그곳에서 4년 정도 살면서 계속 그곳에 있고 싶었지만, 당시 전세난 때문에 인근의 다른 오피스텔로 이사를 하게 됐다. 그게 지금 살고 있는 곳이고, 바로 뒤에 손기정체육공원이 있다.

걷는 것이 보약이고, 마음에도 좋고 몸에도 좋다는 걸 누가 모르겠는가? 그런데 이런 길을 왜 혼자서 걷는가? 아내랑 같이 걸으면 각자의 보약(步藥)도 되고, 서로를 격려하고 보완해 주는 보약(補藥)도 되련만, 어찌 지금은 혼자만 걷고 있는가? 아내도 걷는 것을 참 좋아했다. 함께 한강 길도 걷고, 양재천 길도 걷고, 이런저런 산길도 걷고, 심지어는 제주 올레 길도 같이 많이 걸었었다. 아내는 나보다 걷는 것을 더 좋아했다. 스스로를 "올레꾼"이라고 했고 "제주 방랑객"이라고도 했다. 그 정도로 걷는 것을 좋아했고, 그래서 참 건강했다. 그러나 7년 전 아내는 제주 표선 근처 한 게스트하우스 마당에서 전동자전거 연습을 하다가 불의의 사고로 세상을 떠났다. 정말 상상도 못 했던 일이었다.

사고 1년 뒤 아내를 추억하는 유고집을 낼 때, 아내가 자신의 서랍 속에 남긴 한 메모지에는 "오비에도까지의 북쪽 길"이라는 제목 밑에 스페인의 산티아고 순례길 코스 목록이 적혀 있었다. "1구간 바욘-생장드뤼즈, 2구간 생장드뤼즈-이룬… 22구간 폴라 데 시에로-오비에도" 그리고 바로 그 뒤에 이어서 아내가 직접 볼펜으로 쓴 최종 목적지 "산티아고 데 콤포스텔라"가 적혀 있었다. 산티아고 순례길 걷기가 이미 아내의 마음속 버킷리스트 속에 들어 있었던 것이다.

본래 우리는 그때 스페인을 가기로 했었다. 여행사 예약도 해 놓았었다. 그러나 당시 갑자기 터진 메르스 사태 때문에 해외여행이 취소됐다. 그래서 대신 제주로 가게 된 것이었다. 마침 그때 게스트하우스에서는 전에 없던 전동자전거 대여를 하고 있었다. 지나고 보니 일련의 사태는 운명처럼 다가온 것 같았다. 이미 돌이킬 수 없는 일이 되었지만 '차라리 그날 그냥 걸었더라면…' 하는 아쉬운 마음을 지금도 떨쳐 버릴 수가 없다. 내일 아침이 오면 여전히 "걷는 게 약, 곧 보약(步藥)"이라며 나 홀로 잠자리에서 일어나겠지만.

(2022. 2. 21.)

보약(步藥) 1

하루 만 보 이상 걷기로 했다
어쩌다 만 보는 쉽다
매일 만 보는 어렵다
출퇴근하는 사람에겐 더욱 그렇다
아침에 일어나 일단 오천 보
나머진 그 뒤에 채우면 되지
매일 꾸준히 걷는 것
그 이상 좋은 게 없다
걷는 게 약이다
보약(步藥)이다

보약(步藥) 2

보약 보약 하는데
보약이 따로 있나
걷는 게 보약이지

몸이 힘들 땐 한참 걸어 봐
걷다 보면 아팠던 허리도 점차 좋아져
맘이 괴로울 때도 그냥 걸어 봐
걷다 보면 복잡했던 마음도 차츰 편안해지지

걸으면서 운동장 몇 바퀴 돌면
몸속 피도 몇 바퀴 돌고 돌아 몸을 데우고
걸으면서 동네 한 바퀴 크게 돌면
맘속 고뇌도 한 바퀴 크게 돌며 안심이 되지

그래서 걷는 게 보약(步藥)이야
보약 보약 하는데
보약이 어디 따로 있나

(2022. 2. 23.)

서울둘레길 한 바퀴

결국 서울둘레길을 한 바퀴 돌았다. 2023년 6월 23일 시작한 둘레길 걷기가 11월 8일에 끝났으니 139일 만이다. 그 기간 중 실제 걷기를 한 날은 열엿새였다. 한 보름 정도를 둘레길 걷는 데 할애한 셈이다. 무더운 여름에 첫 코스를 시작한 것이 가을에서 겨울로 접어드는 입동(立冬) 날에 마지막 종지부를 찍었다.

서울둘레길은 모두 8개 코스(28개 구간)로 이루어져 있는 156.5km 길이의 도보 길이다. 2014년 11월 개통됐으니 거의 10년이 됐다. 서울시 주변을 둘러싸고 있는 숲길, 하천길, 동네길을 연결해서 이어 놓은 것이다. 내가 걷고 나서 받은 완주 인증서 번호는 69726. 그때까지 거의 7만 명이 인증서를 받았다는 얘기다. 많은 사람들이 나의 둘레길 선배다.
 서울둘레길을 걷기로 한 것은 산티아고 순례길 때문이었다. 그 길을 언젠가는 한번 가 봐야지 하는 생각이 늘 심중에 있었다. 불의의 사고로 세상을 떠난 아내가 걷고 싶어 했던 길이다. 아내가 일했던 사무실 책상에서 발견된 메모에는 아내의 글씨로 순례길 코스가 그려져 있었다. 꼭 가 보고 싶었던 모양이다. 그래서 아내의 10주기가 되기 전에 어떻게든 한 번은 가야겠다는 생각을 하게 되었다.
 그래서 봄과 가을 매 학기 하던 강의도 올해부터는 가을 학기엔 쉬기로 했고, 걷기 연습도 좀 해야겠다고 생각했다. 매일 만 보 이상을 걷기로 했고, 주말이면 가까운 트레킹 코스를 찾았다. 학교 뒷산과 남산, 인왕산, 북악산, 북한산 등을 자주 다녀오기도 했다. 가까운 지인들과 학교 뒷산인 안산을 걸을 때는 "안티아고"라고 이름 붙이기도 했다. 정년 후 만나는 사람들과 식사라도 같이 할 때는 "머잖아 산티아고에 가 볼 생각"이라는 말을 버릇처럼 하곤 했다. 가끔 산티아고 순례길에 대한 소개 글도 보고 영화나 동영상도 챙겨 봤다.
 그런 와중에 실제로 거길 다녀온 분들도 있었다. 연세가 칠십 대인 한 고교 선배가 단톡방에 매일 올려 준 글과 사진은 매우 인상적이었다. 800km가 넘는 풀코스를 걸어서 31일 만에 완주를 했다니 믿어지지가 않았다. 내가 서울둘레길을 걸으면서는 그런 생각을 더욱 절감했다. 둘레길을 하루 10~12km를 이따금씩 걷는 것도 쉬운 일이 아닌데, 한 달 이상을 매일 20km 이상 무탈하게 걷다니 정말 놀라운 일이었다. 나도 머잖아 칠십인데 800km가 넘는 산티아고 순례길을 과연 완주할 수 있을까? 특히 오래전 사고로 다친 허리가 완전하지 않은 데다 시원찮은 왼쪽 무릎까지 가진 내가 전 코스를 완주할 수 있을까 하는 염려 섞인 마음이 늘 따라다녔다. '안 되면 일부 구간 차로 이동하더라도'라는 차선책을 염두에 두기도 했다. 플랜 B도 생각은 하고 있었던 셈이다. '그래도 순례길인데…' 생각을 여전히 하면서.

결국 더운 여름인 6월 말 어느 날, 서울둘레길 걷기를 시작했다. 덥긴 했지만 맑았던 날씨가 첫 출발을 하게 만들었다. 인터넷으로 관련 정보를 자주 검색해 왔던 나는 1코스 출발지이기도 한 도봉산역 바로 옆 창포원에 있는 서울둘레길 안내센터를 찾았다. 마침 점심 시간이어서 센터 안에는 직원들이 없었고, 나이 지긋한 남자 두 분이 무언가를 적고 있었다. 둘레길 완주 인정서 신청서였다. 이미 완주한 분들이라 참 부러웠다. 나는 그 옆에 비치돼 있던 스탬프 찍는 새 카드와 둘레길 안내 지도를 챙겨서 센터를 나왔다. 센터 바로 앞에 첫 번째 스탬프 찍는 곳이 있었다. 첫 스탬프를 찍으니 마치 출발 신호 같이 느껴졌다. 앞으로 156.5km 여덟 개 코스에서 27개의 스탬프를 더 찍어야 완주한 것이 된다. 언제 이를 다 찍을꼬? 그러나 언젠가는 빈칸을 다 채울 날이 올 것이라 믿으며 둘레길 걷기를 시작했다.

작은 생수 한 병에 바나나 하나와 닭강정 서너 조각을 비닐에 싸서 작은 배낭에 넣고 땀 닦을 수건과 휴지도 챙겼다. 자외선 차단 선크림을 바르고 팔 토시를 하고, 약간의 비상금과 카드 정도만 갖고 길을 나섰다. 이제 지하철도 공짜로 타는 '지공선사'이니 추가로 교통비 들 일은 별로 없었다. 물론 스마트폰은 필수. 첫날부터 마지막 날까지 챙겨 나가는 물건은 대동소이했다. 간단한 요깃감으로 가끔 빵과 사과, 오이 정도가 곁들여지는 경우가 있었다. 가급적 먹는 것은 절제했고, 땀 나는 여름에는 물과 음료수가 가장 중요했다.

그런데 첫날부터 실수의 연발이었다. 도봉산역 창포원에서 출발한 첫 코스의 시작부터 엉뚱한 길로 접어들었다. 창포원을 나가서 오른쪽으로 진행해야 하는데, 왼쪽으로 돌아간 것이 잘못이었다. '서울둘레길'을 알리는 안내 리본이 길의 왼쪽 나무에 걸려 있는 것을 보고 왼쪽으로 돌아 나갔기 때문이었다. 게다가 도봉산역에서 수락산 방향으로 이어지는 첫 코스이다 보니 산이 있는 방향으로 가는 게 맞겠다는 나의 오판까지 더해졌다. 결국 왕복 한 시간을 허비하고서야 제 길을 찾게 되었다. 초보 초행자의 과신이 빚은 참사(?)였다.

비슷한 일이 마지막 날에도 있었다. 8코스의 마지막 구간은 많은 부분 서울둘레길과 북한산둘레길이 중첩되어 있었다. 한참을 걸어 도봉산 등산로 입구까지 거의 다 내려왔는데 다리 난간에 '북한산둘레길'이 왼쪽으로 이어진다는 표시가 두드러지게 눈에 띄었다. 나중에 확인한 것이지만 오른쪽으로 가라는 '서울둘레길' 안내 표시는 멀찌감치 조그맣게 붙어 있어서 눈에 잘 띄지 않았다. 그래서 왼쪽으로 돌아 다시 북한산둘레길의 오르막을 타기 시작하다 보니 또 왕복 한 시간을 허비(?)하는 일이 발생했던 것이다.

'북한산둘레길=서울둘레길'이라는 생각으로 계속 걸었지만, 나중에 알고 보니 그 길은 서울이 아닌 의정부 쪽으로 가는 길이었다. 결국 묘하게도 서울둘레길 걷기의 시작과 끝에 나는 의정부 길로 들어갔다 나온 실수를 범했던 것이다. 더 많이 걸어서 운동이 더 됐을지는 모르지만, 마음은 상했다. 모르는 길을 갈 때는 확인, 재확인이 필요하고 그래도 확실하지 않으면 꼭 물어보며 가야 한다는 교훈은 얻었다. "아는 길도 물어가라"고 했는데, 하물며 모르는 길을 묻지도 않고 가다니 실수의 원인은 결국 내게 있었다. 그리고 중요한 갈림길이 있는 경우에는 둘레길 관리자들이 눈에 잘 띄게끔 안내를 좀 더 분명하고 세심하게 표시할 필요가 있다는 주문도 하게 된다.

서울둘레길 한 바퀴를 다 돌고 보니 그 여정이 마치 인생살이 같다는 느낌이 문득 들었다. 그것도 마지막 8코스에서 그런 생각이 들었다. 그간 걸어온 길을 되돌아보니, 수락산과 불암산을 거쳐 돌며 궁금증과 호기심이 가득했던 1코스

(도봉산역~화랑대역)는 마치 10대처럼 느껴졌고, 이제 길을 조금 아는 듯 본격적으로 걷기 시작한 2코스(화랑대역~광나루역)는 용마산과 아차산 아래 멋들어진 풍광에 환호하는 20대처럼 느껴졌고, 큰 강(한강)을 건너 산도 넘고 마을과 천변 길을 따라 곳곳을 누비며 걷던 3코스(광나루역~수서역)는 30대 인생처럼 다가왔다. 굽이진 산들을 오르내리며 땀을 가장 많이 흘린 4코스(수서역~사당역)는 열심히 살아온 40대와 같았고, 9월의 가을산(관악산과 삼성산, 호암산)을 접해 걷던 5코스(사당역~석수역)는 도시 뒷산을 건강 챙기며 걷는 50대 인생과 비슷했다. 안양천을 따라 가장 평탄한 길을 마음 편히 걸었던 6코스(석수역~가양대교 남단)는 이제 인생을 알 만한 나이인 60대의 삶과도 같다고 느껴졌다. 다시 한강 다리를 건너 남에서 북으로 되돌아오는 7코스(가양대교 남단~구파발역)는 흐르는 세월 속에 난지도에서 하늘공원으로의 상전벽해 같은 큰 변화를 체감하는 70대 같기도 했다. 그리고 가장 긴 마지막 8코스(구파발역~도봉산역)는 서울의 명산 북한산과 도봉산 허리를 휘감아 돌며, 걸어온 그간의 여정을 되돌아보면서 다시 자연 속으로 엄숙히 귀의하는 듯한 80대 이후의 단풍진 삶처럼 느껴졌다. 11월에 걸었던 마지막 8코스의 길에는 떨어진 낙엽들이 쌓이고 쌓여 어디가 길이고 어디가 산인지 분간조차 하기 어려운 데가 많았다. 서울둘레길 여덟 개 코스를 길 따라 열심히 걸어왔지만, 결국 마지막에는 누구나 아는 둘레길 대신, 이제 다시 각자만 아는 자

신의 길로 이어 나갔다.

서울둘레길 여덟 개 코스를 이처럼 인생살이에 빗댄 것은 억지이고 무리라고 생각할 수도 있을 것이다. 1코스와 2코스를 인생의 봄이라 하고, 3코스와 4코스를 여름, 5코스와 6코스를 가을, 그리고 7코스와 8코스를 인생의 겨울이라고 해도 단지 조금은 단순할 뿐 엇비슷한 비유라 할 법하다. 어쨌든 서울둘레길 한 바퀴가 마치 인생의 한 순환과도 같다는 생각을 스치듯 그냥 한번 해 봤다는 얘기다.

왜 그런 생각을 했을까? 둘레길 걷기를 하고 보니, 평탄한 길도 있었지만 오르막과 내리막도 있었다. 인생 여정처럼 순탄한 때도 있었지만 숱한 오름과 내림도 있었다. 간혹 잘못 든 길을 후회하며 되돌아오기도 했고, 어느 때는 한참을 쉬어 가기도 했다. 가는 길마다 걷기를 더디 만드는 장애물도 많았지만 크든 작든 길은 끝없이 이어져 있었다.

때로는 낮은 곳에서 부러워하듯 정상을 바라보기도 했고, 때로는 높은 곳에서 호령하듯 아래를 굽어보기도 했다. 흔한 산길에 묵묵히 걷기도 했지만, 눈앞의 장관에 경탄하기도 했다. 어떤 때에는 빨리 더 멀리 가려고 걸음을 재촉하기도 했지만, 어떤 때에는 산책 나온 철학자처럼 더디 어슬렁 걸음을 걷기도 했다. 뜻대로 잘 간 날도 있었지만, 계획대로 안 된 날도 있었다. 그러니 둘레길을 걸으며 느낀 감정의 굴곡도 많았다. 힘들 때도 많았지만, 편히 걷는 순간이 더 많았다. 힘들 때 느낀 과정적 고통과 그러고 나서 느끼는 결과적 기쁨은 둘레길 걷기의 가장 대표적인 감정적 묘미라 할 만했다. 그게 곧 인생의 묘미가 아닌가 싶기도 했다.

 서울둘레길 걷기를 하며 그래도 그중 특별히 좋았던 곳을 언급하지 않을 수 없을 것 같다. 내가 지인들에게 완주했다고 했을 때 가장 많이 들었던 반응 중의 하나가 바로 그것이었다. "어디가 좋았어?" "어느 코스가 제일 좋았는데?" 하는 질문이었다. 물론 걷는 사람에 따라 답이 다를 수 있을 것이다. 그리고 어떤 계절과 어떤 날씨에 누구와 같이 갔는가에 따라서도 그 느끼는 바가 다를 수 있을 것이다. 적어도 나의 경우는 이랬다.

 1코스에서는 우선 출발 지점이 참 좋았다. 붓꽃을 주제로 하는 서울 유일의 생태공원인 창포원에 초여름의 노랑과 보랏빛 꽃창포(아이리스)가 만개했다. 새색시마냥 수줍게 고개 숙인 꽃의 자태가 애잔한 듯 청아했다. 또한 창포원을 나와 중랑천 둑방에서 북서향을 바라보니 훤히 한눈에 들어오는 도봉산 자운봉과 더 멀리 보이는 북한산 봉우리들이 가슴 벅찬 웅장미를 뽐내고 있었다. 이래서 "서울둘레길!"이라 하는구나 싶었다.

 2코스에서는 용마산과 아차산에서 남동향으로 내려다보는 한강과 그 주변 경관이 압권이었다. 특히 아차산 정상에 올라서 보는 풍광이 듣던 대로 제일 좋았다. 다른 곳과 달리 정상 부근도 멋지게 잘 꾸며 놓았고 여기저기 핀 들꽃들이 분위기를 한껏 띄워 주었다. 지나칠 때마다 늘 다소 어두운 이미지로 내게 각인되어 있던 망우묘지공원도 '망우역사문화공원'이라는 이름만큼이나 역사적·문화적 의미가 깊은 곳이었다.

3코스는 한강 광진교를 건너면서 시작되는 코스로, 내게 가장 익숙하면서도 낯선 구간이었다. 아내와 한강 고수부지의 잠실에서 광나루까지, 그리고 분당에서 잠실까지 자주 자전거로 다니던 길과 중복된 코스이기도 해서 그렇고, 더 멀리로는 처음 가 보는 곳도 많아서 그렇기도 했다. 한강가에 암사생태공원 같은 곳이 있었는지는 전에 몰랐고, 암사동 선사유적지는 말로만 듣던 곳이어서 그랬다. 다채로운 체육 시설과 휴식 공간이 갖추어진 한강 고수부지 길을 따라 한참을 걷기도 했고, 주거 지역 가까이 연이어 있는 성내천과 장지천, 그리고 탄천 등(이른바 '송파둘레길')을 따라 비교적 편하게 걸었던 코스이기도 했다.

4코스 역시 많은 부분 전에 걸어 본 적이 있고 일부만 처음 걷는 길이었다. 서울 강남과 서초 지역을 병풍처럼 둘러치고 있는 대모산과 구룡산 그리고 우면산으로 이어지는 코스였다. 그렇게 높지는 않지만 그렇다고 가벼운 산책길이라 하기도 어려운 둘레길이었다. 오르고 내리고 오르고 내리면서 나름 운동하기에 적당한 트래킹 코스라고 하는 게 더 좋을 성싶었다. 아주 높지도 않기에 정상에 올라도 서울 시내가 훤히 내려다보이는 인왕산이나 남산, 혹은 북한산과 같은 그런 풍광을 맛보지는 못했다. 적어도 내게는 특별히 두드러진 곳은 없었다. 더운 여름에 그냥 가다 쉬다 가다 쉬다 하는 그런 길이었다.

5코스는 '관악산-삼성산-호암산'으로 이어지는 코스였다. 이동 중에 말로만 듣던 낙성대에도 들렀고, 삼성산 성지에도 들렀다. 낙성대는 나의 문중 어른인 강감찬 장군을 모신 사당이라 더욱 각별한 마음으로 영정 앞에서 인사를 올렸다. 또한 가톨릭 성지의 하나인 삼성산 성지는 순교하신 외국인 신부 세 분(앵베르, 모방, 샤스탕)의 묘역이 있는 곳이라 그 앞에서 기도와 함께 간단한 묵상의 시간을 가졌다. 걷는 도중에 관악산에는 관음사, 삼성산에는 보덕사, 그리고 호암산에는 호압사라는, 각기 다른 느낌을 주는 사찰이 있어 잠시 쉬는 듯 둘러보며 지나쳤다. 약 여섯 시간 정도 걸린 5코스는 하루 만에 다 걸었다.

6코스는 서울둘레길 중에서 가장 평탄한 길이었다. 지하철 1호선 석수역에서 내려 조금 걸으니 안양천이 나왔고, 천변을 따라 한강까지 이어진 코스였다. 한강을 만나는 곳에서 강변을 따라 30분 정도 서쪽으로 가양대교 남단까지 가면 되는 천변+강변으로 이어지는 평지의 연속이었다. 안양천변은 봄 벚꽃길이 멋지다고 하는데 9월 초에 걸으니 그런 장관을 만나지는 못했다. 대신 인위적으로 꾸민 장미와 코스모스 꽃밭이 곳곳에 펼쳐져 있었고, 마침 토요일 주말이라 지자체에서 벌이는 갖가지 먹거리와 볼거리 축제 행사가 가는 길을 잠시 잠시 멈추게 했다. 금천구에서 구로구와 양천구를 지나 강서구로 이어지는 코스였다. 안양천변에서 특이한 것은 노인들이 파크 골프를 즐기는 운동 시설이 수십 개나 계속 줄지어 있는 것이었다. 나도 나이가 더 들면 저런 놀이에 빠져들겠구나 하는 생각도 했다. 곧 70대인데도 아직 자신은 전혀 노인이 아니라는 것처럼.

  7코스는 가양대교로 남쪽에서 북쪽으로 한강을 건너가서 전개되는 구간이었다. 다리의 중간쯤에서 바라보는 서쪽 한강은 오른쪽의 행주산성과 왼쪽의 김포 사이가 꽤나 넓게 보였다. 가양대교를 건너니 바로 난지도 하늘공원이 이어졌다. 쓰레기 매립지였던 과거의 이미지 때문에 큰 기대를 안 했지만, 그곳은 이미 상전벽해 같이 딴 세상이 되어 있었다. 강변북로를 따라 옆으로 이어진 넓은 산책길과 계속 이어진 '시인의 거리'라는 문화 거리는 시간을 내서 와서 즐겨도 좋을 휴양 공간으로 와닿았다. 그다음에 바로 이어져 나타난 월드컵 경기장 주변도 여러 즐길 거리와 휴식공간이 있는 시민 놀이터로, 틈내어 와 볼 만한 공간이었다. 그리고 불광천을 따라 북쪽으로 계속 가다가 은평구 증산역 부근에서 다시 오른 봉산과 앵봉산 역시 전형적인 동네 뒷산이었다. 특히 봉산 꼭대기에 있는 봉수대는 남산과 안산을 거쳐 북방 의주로 이어지던 옛날 원격통신기지여서 커뮤니케이션을 전공한 내게는 새로운 발견처럼 느껴졌다.

  마지막 8코스는 33.7km로 여덟 개 코스 중 가장 긴 구간이다. 나는 8코스를 닷새 구간으로 나누어 걸었다. 구파발역에서 시작해서 북한산과 도봉산 자락을 걸어 도봉산역까지 가는 길이었다. 구파발역에 내려 마을 길로 들어서니 곧바로 구파발천이 나왔다. 그 천을 건너는 다양한 이름의 다리들과 주변의 고층 아파트들이 뒷산 수림들과 어우러져 아주 고즈넉한 분위기를 자아냈다. 일에 시달리지 않고 좀 여유롭게 사는 사람들이 살기에는 참 좋은 동네 같았다. 그런 마을과 구기터널 부근을 지나 평창동 쪽으로 들어서니 전혀 다른 마을이 나타났다. 큰 차고까지 갖춘 담 높은 고급 주택들이 꽉 들어차 있는 평창동 5길과 6길은 이따금씩 외국 대사관 관저들도 있어 그야말로 외국의 저택지처럼 이국적이었다. 차 없이는 살 수 없는 동네 같았다. 등산복 차림에 스틱까지 들고서 걷고 있는 내가 오히려 전혀 어울리지 않는 느낌을 주는 동네였다.

  8코스의 백미는 뭐니 뭐니 해도 북한산과 도봉산 정상의 봉우리들이었다. 산자락 길을 걷다가 산 정상이 보이는 곳에 이르면 나는 영락없이 사진을 찍어 댔다. 특히 둘레길의 비교적 높은 곳에는 인공적으로 만든 구름전망대가 있어 그리로 올라서면 산 정상과 허리는 물론 시내까지 포함한 사방이 훤히 보였다. 늦가을 북한산과 도봉산의 자태가 웅장하면서도 단아하게 시야에 드는 순간 탄성이 절로 나왔다. 북한산의 경우는 인수봉과 백운대가 우뚝 솟아 보이고, 도봉산에는 자운봉을 비롯해서 만장봉, 선인봉 그리고 주봉과 신선대 등이 칼날처럼 하늘로 뻗쳐 있었다. 그런 봉우리들을 산하의 가을 수림들이 단풍을 머금은 채 폭넓게 떠받들고 있었다. 가끔 셀카를 찍곤 했지만, 도봉산 정상이 보이는 어느 한 전망대에서는 지나치는 길손에게 기념사진 한 장을 부탁하기도 했다.

8코스를 걸으며 빼놓을 수 없는 것이 북한산 아래 우이동 쪽에 자리 잡고 있는(둘레길에서는 내려다보이는) 국립4·19민주묘지와 주변 곳곳에 있던 애국지사들(이준 열사, 손병희 선생 등)의 묘소였다. 조국의 해방과 독립, 민주화를 위해 애써 싸우신 영령들께 잠시 묵념으로나마 예를 표했다.

북한산과 도봉산 자락을 닷새 동안 나누어 걸어온 8코스는 도봉산 탐방센터에서 마지막 28번째 스탬프를 찍으면서 끝이 났다. 서쪽으로 지는 해를 뒤로하며 도봉산역까지 내려오니 지난 6월 23일에 봤던 창포원이 다시 눈앞에 나타났다. 바로 그곳 서울둘레길 안내센터 앞에는 젊은 누이 둘이서 노란색 종이를 하나씩 들고 사진을 찍고 있었다. 물어보니 "완주 인증서"란다. 스탬프를 다 찍은 카드를 제출하면 즉석에서 발급해 준다고 했다. 나도 즐거운 마음으로 바로 신청서를 작성해서 냈다. 잠시 후 내 이름이 적힌, 서울시장 명의의 11월 8일자 발행 서울둘레길 완주 인증서를 받았다.

드디어 서울 주변을 한 바퀴 다 돌아봤다는 뿌듯함! 그것은 크든 작든, 빠르든 느리든 하나의 목표를 설정하고 그걸 이루어 냈다는 성취감과도 통하는 것이었다. 그리고 또 다른 걷기가 되든 아니면 다른 목표가 되든 간에, 새로운 삶의 표적을 향한 자신감의 한 동력이 되기도 했다. 스페인의 산티아고가 조금은 더 가까워진 느낌! 뭐 그런 것이기도 했다. 내년 가을이 될지, 후년 가을이 될지 모르겠지만 그때는 짐을 싸서 산티아고 순례길을 향해 날아가야겠다. 가슴에 묻어 둔 아내와 함께. 그 전에 부산 해운대에서 통일전망대까지 이어진 해파랑길(750km)이나 멀리 고향 가까운 지리산 둘레길(274km)이라도 미리 한번 걸어봐야겠다는 생각도 해봤다. 살아생전에, 건강하게 걸을 수 있을 때에.

(2023. 11. 15.)

서울둘레길 한 바퀴

둘레길 걸어 걸어 서울 한 바퀴
보름 남짓 야심껏 돌아보았네

6. 23. 맑은 첫날 도봉산 아래 창포원 출발!
수락산에 올라 오르막 내리막
산 산 산
산으로 이어지니
불암산 망우산 용마산 거쳐 어느덧 아차산 정상
눈 아래 멀리 동남방 한강이 절경이네

광나루 다리(광진교) 건너 큰 강(한강) 넘어
암사동 고덕동 명일동 길동 둔촌동 방이동 잇는
뒷산(고덕산과 일자산) 돌아 나오니
성내천 장지천 탄천을 끼고 도는 송파둘레길(21km)

수서에서 석수까지도 산 산 산
대모산 구룡산 관악산 삼성산 호암산이
서로 어깨동무하며 서울 남녘을 받쳐 주고 있네
더운 여름 땀 흘리며 종일 걸었네

서울 서쪽엔 산보다 안양천이 길게도 뻗어 있고
천변 고수부지에선 금천 구로 양천 주민들
마을 잔치 요란하네
한강에 다다르니 강서 주민도 떼 지어
여의도 불꽃 축제 구경 가네

가양대교 건너 다시 강북으로 돌아오니
난지도가 상전벽해 어느새 하늘공원 되고
게다가 월드컵경기장까지
불광천 따라 북향하다
다시 산에 오르니 은평둘레길
예전 미처 몰랐던 봉산 봉수대와
앵봉산 생태공원도 나를 반기네

드디어 마지막 코스는
북한산둘레길 걸어 도봉산까지
구파발천을 따라 산 아래 있는 마을들은
살기도 쉬기도 좋은 것 같은데
평창동 5, 6길 따라 폼 나게 들어찬 고급 저택들
부럽긴 해도 내겐 무척 낯설기만 하네

역시 산은 북한산과 도봉산!
북한산의 인수봉과 백운대

도봉산의 선인봉과 만장봉 특히 자운봉
우뚝 솟은 그 봉우리들
북방 높은 데서 서울 내려다보네
전망대서 바라본 그 봉우리들 역시
서울둘레길 마감하는 클라이막스

11월 8일 늦가을 맑고 멋진 날에
탄성 더불어 나는 산을 내려오고
한 바퀴 돈 둘레길은 마침내 마침표 찍네
스물여덟 번째 마지막 스탬프와 함께

(2023. 11. 20.)

까까머리의 통곡

손자 하나가 올해 중학교 진학을 했다. 초등학교를 졸업하고 중1이 된 것이다. 요즘 만나면 "많이 컸구나. 이젠 어린이가 아니고 청소년이다"라고 말하곤 한다. 중학생이 되었으니 좀 더 늠름해지라는 뜻으로 하는 말이다. 분명 전보다는 많이 컸다. 내년이면 중2가 된다. 그 나이가 되면 사춘기에 접어든다. 신체적인 변화와 함께 심리적인 변화도 겪게 되는 나이다. '중2병'이란 말이 있을 정도다. 요즘 아이들은 보고 듣는 게 많아서 과거 아이들보다는 조숙한 면이 있다. 그래도 어른이 보기엔 아직 세상 물정 잘 모르는 경험 부족한 어린 나이다. 그런 아이가 아이 같지 않은 뜻밖의 말을 하거나 행동을 하면 사람들은 좀 의아해할 것이다.

돌이켜 보면 나도 중2 때 그런 말과 행동을 한 적이 있다. 내가 중2 때인 1970년에는 중학생만 되어도 머리를 빡빡 밀었다. 학교 다니는 내내 '까까머리'를 해야 했다. 그런 까까머리를 한 중2 학생 시절 내가 동네 마당에 주저앉아 손바닥으로 땅을 치며 통곡을 한 일이 있었다. 당시 무슨 일인가 하며 동네 사람들이 몰려나와 금세 내 주변을 에워쌌다. "아니, 웬 애가 통곡을?"

그날 나는 서울이라는 데를 처음 왔다. 시골인 지방 도시에서 수도 서울에 대해 말은 많이 들었지만 서울행은 처음이었다. 서울역에 내리니 들은 바대로 역시 서울에는 높은 건물도 많고, 차도 사람도 참 많았다. 시골 꼬마 입장에서는 놀라운 광경이었고 신기한 모습들이었다. 천 리 남쪽 고향에서 기차를 타고 출발할 때부터 마음이 크게 들떠 있었다. 나도 드디어 서울 간다고 친구들에게 자랑질도 많이 했다. 여름 방학이 되면 서울에 있는 우리 집에 갔다 온다고.

그 전해에 우리 가족들은 모두 서울로 이사했다. 약국 하는 고향 삼촌댁에 나만 남겨 두고서. 중1이 된 장남인 나에게 환경 변화를 주지 않기 위한 어른들의 배려와 결정이었다. 부모님은 평소 학교 성적이 좋았던 나를 약국 삼촌에게 맡겨 놓고, 동생 셋만 데리고 상경하셨다. 당시 아버지 일이 잘못되어 집안 사정이 갑자기 안 좋아진 건 알았지만, 아버지가 서울 가서 새로운 일을 하신다고 했으니 잘 될 거라고 나는 믿고 있었다. 어린 나이인지라 집안의 깊은 속사정은 잘 모르고 있었던 것이다.

　서울역에 아버지가 마중을 나오셨다. 간만에 보는 아들이라 반갑게 맞아 주셨지만, 집으로 가는 내내 아버지는 별말씀이 없으셨다. 평소에 과묵하셨던 아버지라 그런 건 별로 신경 쓰이지 않았다. 풍채가 좋으신 아버지를 따라 서울 집으로 가는 내 걸음은 오히려 가벼웠다. 집에 가면 그리운 어머니와 동생들도 다시 보게 되니 마음은 강한 기대감으로 벅차 있었다.

　버스를 타고 가면서 서울이 넓긴 참 넓은 곳이구나 하는 생각도 했다. 거의 한 시간 이상 갔을까, 아버지가 내리라고 해서 따라 내렸다. 무슨 대학교 앞 큰길에 내렸다. 거기서 다시 아버지를 따라 걸었다. 삼촌 댁에서 싸 준 물건들도 있고 해서 다소 무거운 짐도 있었지만, 아버지랑 나눠 들고 가서 그런지 나는 종종 걸음으로 잘 따라갔다. 큰 찻길 옆 상가에서 좀 좁은 동네 길로 들어서니 꽤 큰 주택가가 나왔다. 보기에 괜찮은 집들이었다. 그런 집들 중 하나에서 우리 가족들이 나를 기다리고 있을 거라 생각했다. 그런데 생각보다 많이 걸었다.

　한참을 더 걷다 보니 전혀 다른 동네가 나왔다. 아니 이게 뭐야? 고향에서도 그런 데를 본 적이 없었다. 고향에도 좋은 집들은 물론 허름한 집들도 여기저기 있는데, 이런 곳은 본 적이 없었다. 말로만 듣던 판자촌이었다. 주택가와는 일정

거리를 두고 있는 그곳에는 낡고 추한 집들이 다닥다닥 붙어 있었다. 나중에 알고 보니 중랑천 둑방을 따라 천변 바깥쪽은 물론, 물가 천변 안쪽까지도 판잣집들이 줄지어 들어차 있는 그런 동네였다.

앞이 아찔했다. 나에겐 너무 큰 충격이었다. 아버지랑 도착한 집은 내가 보기에 집이 아니라 무슨 축사(畜舍)처럼 생긴 곳이었다. 낡은 슬레이트 지붕 밑에 방 일곱 개가 옆으로 길게 붙어 있는데 그곳에 일곱 가구가 살고 있었다. 중간쯤에 있던 '우리 집'은 식구 다섯 명이 좁은 방 하나에서 군거(群居)하고 있었던 것이다.

그런 충격과 함께 나는 어머니랑 동생들을 보자마자 와락 끌어안았다. 왈칵 눈물이 쏟아졌다. 아버지를 제외한 온 식구는 울음바다를 이루었다. 아버지는 고개를 푹 떨구신 채 우리를 쳐다보고만 계셨다. 내가 세상에서 가장 존경하는 분, 늘 자랑스럽게 생각하던 멋지고 풍채 좋으신 아버지의 그런 참담한 모습을 본 것도 그날 그 순간이 처음이었다.

나는 바로 그 집 앞마당에 덜컥 주저앉아 울기 시작했다. 그냥 운 정도가 아니고 통곡을 했다. "아이고, 이기 우찌 된 겁니꺼? 우째 이리 살고 있십니꺼? 말도 안 돼예, 말도 안 돼예! 이럴라꼬 서울 왔십니꺼?" 까까머리 중2 학생인 경상도 아이는 거친 사투리로 감정의 여과도 없이 땅을 치며 통곡을 했다. 울음소리가 들리자 그 슬레이트집에 살던 사람들은 물론, 그 옆집과 이웃집에서 사람들이 하나둘 몰려나왔다. 나중에는 여러 사람들이 나를 둘러싸고 측은한 표정으로 지켜보았다. 그들에게는 구경거리가 생긴 것이다. 웬 꼬마 하나가 그러니 약간 신기하기도 했던 모양이다. 동시에 자신들과 동병상련의 정서를 어린 내가 대변하고 있다고 느꼈는지도 모르겠다.

거기서 가족들과 같이 며칠 지내는 동안, 나는 그간 동생들이 했던 고생과 불편을 같이했다. 주택가에 가서 식수와 세수에 쓸 물을 물지게로 매일 길어 오는 것이 가장 중요한 일이었다. 수도가 없었기 때문이었다. 그 집 마당 한구석에는 재래식 화장실이 하나 있었는데 일곱 가구 사람들이 공동으로 사용하는 곳이었다. 또 작은 방 하나에 다섯 식구가 촘촘히 붙어 자던 데에 나까지 갔으니 며칠간 몸을 겹쳐 자야 했다. 정말 온 가족이 하나로 똘똘 뭉쳐 자야 하는 부단(不斷)의 불편한 결속력(?)이 필요했다. '우리 집' 바로 두 칸 옆집에는 칼을 갈아 먹고사는, 아들 하나 있는 부부가 있었다. 얼굴까지 험상궂은 그 집 아저씨가 나는 몹시 무서웠다.

궁핍한 생활은 가족들이 상경한 후 상당 기간 계속됐다. 어머니까지 맞벌이로 시장을 나가면서 형편이 좀 나아지면 주택가의 방을 세내어 이사를 했고, 어머니까지 다쳐 몸져 누우셔야 했을 때는 다시 판자촌으로 옮겨 살아야 했다. 우리 집의 서울 생활은 몇 년 동안 주택가와 판자촌을 6개월이나 1년 단위로 계속 오가며 사는 생활이었다. 서울 와서 한동안 이른바 도빈(都貧) 생활을 경험한 것이다. 중학교를 졸업하고 고등학교를 서울로 오면서, 경제적 능력 없는 나도 어쩔 수 없는 도빈이 되었다. 나중에 주민 등록 초본을 떼어 보니 비슷한 동네 안에서 이리저리 옮겨 다닌 나의 거주 이력은 감추고 싶을 정도로 참 화려했다.

내가 대학을 다닐 때까지도 그런 생활은 크게 개선되지 않았다. 내가 대학을 졸업하고 장교로 군대를 가고 하는 사이에 집안 살림이 조금 나아지는 듯했다. 그런 와중에 아버지가 돌아가셨다. 결혼을 하고 내 명패를 붙일 만한 집을 한 채 사서 좀 살 만해졌다 할 때 어머니마저 돌아가셨다. 부모님은 무작정 상경 후 서울에 와서 늦게 낳은 막내아들까지 합해 다섯 자식을 키우며 고생만 하시다가 세상을 떠나셨다. 서울 와서 너무도 힘들게 사시고 자식들 뒷바라지만 하시다가, 아들이 다섯이나 되는데도 자식 덕도 제대로 못 보시고 가신 것이다. 이제는 정말 그것이 통곡할 노릇이다. 까까머리의 통곡은 슬픈 추억으로 남은 채.

(2025. 6. 9.)

까까머리의 통곡

나만 고향에 두고
우리 가족 모두 서울로 이사 갔다
아부지 일 망하고 서울로 이사 갔다
그때 난 중2 까까머리
삼촌 댁에 홀로 남아 학교 다녔다

방학 되자 기차 타고 서울로 갔다
부모 형제 보고 싶어 서울로 갔다
마중 나온 아부지와 손잡고 한참을 갔다
큰 길 빌딩 지나고 작은 길 주택가도 지나갔지만
다다른 곳 우리 집은 집 같지 않았다

중랑천 판자촌의 낡은 슬레이트 지붕
길다란 지붕 밑에 방은 일곱 개
일곱 방에 일곱 가족 사는 그런 집
마당 끝 한 통시 쓰는 그런 집이다
부모님과 동생 셋 작은 방 하나에 포개어 살았다

아이고, 이기 우찌 된 겁니꺼?
우째 이리 살고 있십니꺼?
말도 안 돼예 말도 안 돼예!
이럴라꼬 서울 왔십니꺼?
마당에 주저앉은 중2 까까머리
땅을 치며 통곡을 했다
동네 사람 다 나와 신기한 듯 애절한 듯 구경을 했다

고등학교는 서울 와서 가족 함께 살았건만
어렵고 힘든 생활 쉬이 넘기 어려웠다
판자촌과 주택가 셋방 오가며 여러 해 그리 살았다
자식들 장성하여 쬐끔 살 듯할 때는 아부지 돌아가시고
서울서 우리 집 문패 붙일 즈음엔 어머이도 돌아가셨다

어렵사리 힘들게 자식만 키우시다
자식 덕도 못 보고 일찍 가신 부모님 생각하니
이제야 정말 땅을 치며 통곡할 노릇
어린 시절 까까머리 통곡과 겹쳐 오르니
내 마음 깊은 곳 눈물 솟아오른다

(2025. 6. 10.)

205번 버스와 점쟁이

내 기억에 가장 강하게 남아 있는 서울 시내버스는 205번 버스다. 고교 시절 가장 많이 탔던 통학버스인 데다가 가장 큰일을 겪었던 버스였기 때문이다. 당시 그 버스는 동대문구 면목동과 서대문구 남가좌동을 오가는 노선버스였다.

고등학교 3학년 초의 일이었다. 대학 입시 경쟁이 치열했던 당시, 고3의 책가방은 참 무거웠다. 그런 가방을 들고 매일 아침이면 중랑교 근처에서 나는 205번 버스를 탔다. 청량리와 신설동을 거쳐 성북동과 삼선교, 그리고 혜화동 방향으로 가는 버스였다. 나는 성북경찰서 부근에서 내려 건너편 산꼭대기에 있는 학교로 걸어 올라가곤 했다. 당시 새로 생긴 지하철 1호선을 타는 경우에는 신설동역에서 내려

한참을 걸어서 학교로 갔다. 등교시간이 임박할 때는 땀을 뻘뻘 흘리며 뜀박질한 적도 많았다. 그래서 가급적 버스를 탔다.

  어느 날 205번 버스 때문에 뜻밖의 사고가 났다. 버스로 인한 교통사고가 아니라 가방 분실 사고가 생긴 것이다. 버스 때문에 내 책가방을 잃어버리게 된 사고였다. 당시 시내버스는 앞뒤 양쪽에 타고 내리는 문이 있는 '입석' 버스였다. 승객을 많이 태우기 위해 버스 창문과 나란히 의자를 길게 붙여 놓고 내부 공간을 최대로 넓힘으로써 서서 가는 승객을 최대한 많이 태울 수 있게 만든 버스였다. 지금의 버스와는 전혀 차원이 다른 버스였다. 버스의 앞뒤 문에는 각각 젊은 여성 차장이 있었고, 승객들이 내리고 타고 나면 차장이 문을 닫고 떠나는 버스였다. 출퇴근 시간대에는 물론 학생들이 많이 타는 등하교 시간대의 버스는 승객이 꽉꽉 차는 콩나물 버스가 되곤 했다. 승객을 더 태우기 위해 출발한 버스 기사는 핸들을 좌우로 한두 번 흔들어서 승객들을 한쪽으로 쏠리게 해 내부 공간을 조금 더 넓히기도 했다. 그래서 늘어난다는 뜻의 '나이롱' 버스라고도 했다.

  내가 학교 가려고 205번 버스를 탄 날도 사정이 그러했다. 그런데 그날은 내가 중랑교 정류장에서 그 버스의 뒷문으로 타는 마지막 승객이었다. 차장이 내리지 않고 안에서 손님을 올려 태우는 바람에 내 가방은 앞에 탄 승객들 사이로 먼저 빨려 들어갔다. 정작 나는 버스에 오르지 못한 상태에서 버스가 출발했다. 버스 기사도 나를 확인하지 못한 상황이었다. 차장이 뭔가 소리를 질렀지만, 버스는 속도를 냈다. 내 가방은 버스 안에, 그 가방을 잡고 있던 나는 버스 밖에 있었다. 버스가 갑자기 달리는 바람에 내 가방과 나는 결국 분리되었다. 나는 바로 길가에 나뒹굴었다. 자칫 버스 뒷바퀴에 깔릴 뻔했다. 다행히 바깥쪽으로 몸을 날려서 그런 위험을 겨우 피했다. 넘어지며 교복에 먼지를 뒤집어쓴 나는 곧바로 일어나 뒤쫓아 갔다. 그러나 달리는 버스를 따라잡을 순 없었다. 멀리 사라져가는 버스를 멍하니 쳐다볼 뿐이었다. 혹시 그다음 정류장에 내 가방을 내려놓고 가지 않았을까 싶어 달려가 봤지만, 거기엔 없었다. 당시에는 핸드폰 같은 것도 없던 시절이라 어디에도 당장 연락할 길이 없었다. '떠나간 버스 속의 내 가방은?' 그 생각밖에 없었다.

면목동과 남가좌동을 오가는 버스이니 남가좌동 종점에라도 가 봐야겠다는 생각을 했다. 당시는 출결 체크가 엄격했던 시절이기도 해서 먼저 학교에 가서 선생님께 사정 얘기를 해 놓고 역시 205번 다른 버스를 타고 남가좌동으로 갔다. 그런데 남가좌동은 버스 종점이 아니었다. 거긴 그냥 버스 반환점이었다. 확인해 보니 205번 버스의 종점이자 차고는 면목동이었다. 뭔가 계속 꼬이는 기분이었다. 헛걸음을 한 것이다. '내 책가방은 어디에…?' 다시 남가좌동에서 205번 버스를 타고 반대 방향의 면목동 종점으로 향했다. 거기엔 반드시 내 가방이 보관되어 있어야 한다는 간절한 바람을 가진 채로. 그 가방에는 고3 공부에서 중요한 거의 모든 것이 다 들어 있었다. 교과서와 이것저것 정리한 노트와 참고서 등이 빼곡히 들어 있는 무거운 가방이었다. 물론 도시락도 억지로 구겨 넣었지만, 그건 중요한 게 아니었다. 만약 가방을 잃어버렸다면 책은 어떻게든 다시 사면 되지만, 수업 들으면서 책에 일일이 첨가해 둔 여러 메모들과 과목별로 노트해 놓은 내용들은 되살리기 어려운 것들이었다. 그간 공부한 많은 것이 망실될 위기에 직면한 것이다.

그도 그렇지만, 가방을 잃어버렸을 때 나를 더욱 괴롭힌 건 내 미래에 대한 불길한 예언이 실현되는 게 아닌가 하는 공포감이었다. 문득 어느 점쟁이 말이 맞아떨어지는 것이 아닌가 하는 엄청난 두려움이 엄습해 왔던 것이다.

그 몇 달 전에 어머니가 나를 데리고 동네 점쟁이한테 한 번 가 보자고 해서 따라간 적이 있었다. 오래전의 일이라 다른 얘기는 전혀 생각이 안 나고, 그때 점쟁이가 한 말 중에 내 뇌리에 강하게 박힌 한마디는 "이 친구는 공부하는 걸 그만두게 되겠는데…"라는 충격적인 말이었다. '아니, 공부를 그만두다니?' 고등학생한테 그런 말을 하는 것은 대학 못 간다는 말이 아닌가 싶었다. 순간 몹시 불쾌했고 또 불안했다. 그러나 어린 나이여서 그랬는지 그런 점쟁이 말을 한동안 잊어버리고 지냈다. 그러다가 가방 분실 사고가 터지니까 이게 그것 아닌가 하는 생각이 되살아났다. '아! 대학 가는 건 이제 글렀다는 것 아닌가?' 그런 생각이 나를 갑자기 더욱 불안하게 만들었다. '하느님! 제발 제 가방 좀 찾게 해 주세요.' 기도가 절로 나왔다.

드디어 205번 버스 종점인 면목동 차고에 도착했다. 차고는 생각보다 넓었고 버스들도 무지 많았다. 나는 바로 사무실로 찾아갔다. 그리고 가장 먼저 눈에 띈 직원에게 다가가서 물었다.

"혹시 책가방 하나…?"

그런 거 없다는 답변이 돌아왔다. 순간 절망감이 덮쳤다. 고개를 가로저으며 사무실을 나왔다. 이제 어떡하나? 막막했다. 멍하니 선 채로 어찌할 바를 몰랐다.

그런데 그 순간, 저만치서 여성 차장 한 사람이 무언가 무거운 걸 하나 들고 힘겹게 내게로 뛰어오고 있는 것이 아닌가. 바로 내 책가방이었다.

"이 가방… 학생 거…?"

미안하다는 표정이 역력했다. 얼굴은 땀범벅이 되어 있고, 눈가엔 눈물이 맺혀 있었다.

"네, 맞아요. 내 가방!"

가방을 받아 드는 순간, 내 입에선 고맙다는 말부터 튀어나왔다.

돌아보면 얼마나 화가 나는 일인가. 그러나 잃어버린 가방을 되찾은 순간, 아침부터 있었던 고난과 고민, 분노는 눈 녹듯 사라지고 금세 만족과 희열감, 다행감으로 반전되었다. 어려운 상황에서 내 가방을 끝까지 지키고 챙겨 준 차장이 오히려 고맙게 여겨졌다. 등굣길의 그 복잡한 차 안에서 내 가방은 가방대로 챙기고, 수십 개가 넘는 정류장을 지나가며 밀쳐 대는 수많은 승객들과 힘겨운 승하차 씨름을 했을 차장을 생각하니 미안함이 들었다. 차장에게 다시 한 번 감사 인사를 하고, 나는 되찾은 가방을 가슴에 꼭 껴안고서 학교로 돌아왔다.

나는 다시 일상적인 학교생활을 하면서 열심히 공부했다. 그러나 성적은 생각만큼 잘 오르지 않았다. '이런 성적으로 좋은 대학을 갈 수 있겠나' 싶을 정도였다. 그럴 때마다 점쟁이의 말이 떠올랐다. "공부하는 것, 곧 그만두게 될 것 같다"는 말이 대학에 못 갈 거라는 말로 느껴지곤 했다. 당시 우리 집 가정 형편이 몹시 어려웠던 데다가, 5형제의 맏이인 나로서는 대학을 못 가면 어디 취직이라도 해서 집안을 도와야 하는 그런 상황에 있었다. 대학 진학이냐, 아니면 취업이냐 하는 중대한 기로에 서 있던 때였다.

잃어버린 책가방을 되찾은 것은 나에게 새로운 희망과 기회가 되었고, 점쟁이의 말은 결과적으로 나에게 약이 되었다. 가방을 못 찾았으면 대학에 못 갈 수도 있었을 것이다. 다행히 가방을 찾았고, 나는 그 뒤 점쟁이의 말과 싸우듯이 공부했다. 결국 내가 바라던 대학에도 갈 수 있었다. 대학만 간 게 아니고, 그 뒤 박사가 되었다. 박사만 된 게 아니고, 그 대학의 교수가 되었다. 지금은 정년 퇴임한 명예교수로 남아 아직도 나름의 공부를 계속하고 있다.

지금 와서 생각하니, 아마도 그 점쟁이는 그걸 노렸을지도 모르겠다. 예민한 청소년 시기의 나에게 자극을 주려고 했던 예언이 아니었을까. 점쟁이의 말은 틀렸지만, 그 점쟁이의 목적은 달성된 것이 아닌가 싶기도 했다. 아니면 그 점쟁이 아저씨에게 굳이 나를 데리고 가셨던 어머니의 - 그 아저씨와 미리 짠 - 전략적 선택이었을지도 모를 일이다. 그러나 돌아가신 어머니 생전에 그걸 물어본 적은 없다.

205번 버스는 이제 272번 버스로 번호가 변경되었지만, 여전히 같은 코스를 달리고 있다. 그 뒤 금화터널이 뚫려 내가 다닌 대학 앞으로도 지금 지나다닌다. 가끔 지나가는 272번 버스를 보면, 그때 그 일이 생각난다. 50년 전의 일이다. 이미 오래전에 버스 승하차와 과금 시스템이 바뀌어, 시내버스에는 이제 차장이 없다. 그때 그 차장은 지금 어디서 어떻게 지내고 있을까? 얼굴도 생각나지 않지만, 문득 궁금해진다. 그때 그 얼굴에 맺혔던 땀과 눈물이 이제는 보람과 웃음이 되어 부디 행복하게 살고 계시길 바란다.

(2024. 9. 21.)

205번 버스와 점쟁이

고3 어느 날
점쟁이는 나더러 공부 그만둘 거라 했고
등굣길 205번 '나이롱' 버스는
내 책가방만 삼킨 채 떠나가 버렸네

산통 깨진 날
가방 잃은 아이는
가방 속 도시락, 책, 적어 둔
지식 나부랭이도 중하지만
애매한 희망마저 잃을 뻔했네

얼마나 놀랐을까
얼마나 화났을까
얼마나 불안했을까
나는 그때의 나를 다시 소환하네

이리저리 헤매다 되찾은 책가방
그래도 그 뒤엔 고마운 차장 있었네
복잡한 왕복 길에 그 가방 지켜 낸 차장이 있었네

놀라고 불안했던 나는
돌아온 가방에 안도했고
화났던 나는
땀 눈물 범벅 된 차장 보고
되레 고맙다며 미안스레 웃었네

50년도 넘게 지난 지금도
205번 버스는 내 정년 퇴임한 대학교 앞
여전히 달리고 있네
272번으로 번호만 바뀐 채
이젠 차장도 없이

그 점쟁이 살아 있을까
그 차장은 어찌 지낼까
웃으며 잘 살았으면 좋겠네
지금은 할매 됐겠지만

(2024. 9. 21.)

제주항에서
- 세월호 참사를 생각하며

2014년 4월 16일 세월호 참사가 나기 3년 전, 나는 제주대학교에서 1년간 교환교수를 지낸 적이 있다. 그런 인연으로 그 뒤 몇 년 동안은 해마다 제주도를 찾곤 했다. 제주 생활을 하면서 정이 들었던 사람들을 만나기도 하고, 마음에 들었던 곳을 다시 가 보기 위해서였다. 제주항 서부두도 그 중에 한 곳이었다.

세월호 참사가 난 열흘 뒤인 4월 26일에는 마침 서부두를 찾았다. 서부두항 횟집촌에서 라마다 호텔로 이어지는 방파제 길은 참 걷기 좋은 길이었다. 한쪽에는 넓은 바다가 펼쳐지고, 다른 한쪽엔 역시 널따란 광장이 있어서 여유롭게 걷기 좋았다. 시간이 있고 마음 내키는 날에는 아예 용두암이 있는 곳까지 걸어가기도 했다. 그러나 4월 26일엔 별로 걷지 않았다. 방파제 길 한 곳에 오랫동안 서서 바다를 한참 쳐다보았다. 세월호 생각 때문이었다.

　300여 명의 승객이 목숨을 잃었고, 희생자 대부분이 제주로 수학여행 오던 꽃다운 나이의 학생들이었으니 그 무거운 마음에 발길을 옮기기 어려웠다. 멍하니 바다를 바라보며 그들을 생각했다. 그리고 그들을 잃은 부모와 가족들을 생각했고, 참담한 심경에 빠진 많은 사람들을 생각했다. 그때 내가 할 수 있는 것은 기도뿐이었다. 그날따라 서쪽 수평선에 닿은 하늘은 검붉은 노을로 짙게 물들어 있었다. 애간장이 타는 듯한 풍경이었다.

　만약 사고가 안 났더라면 모두 집으로 돌아가 평소처럼 일상을 즐기고 있을 그들을 상상하니 더더욱 목이 멨다. 돌이킬 수 없는 참사가 참으로 원망스러웠다. 그래서 그날 나는 숙소로 돌아와 그런 심정을 한 편의 시로 적어 보았다. 그리고 가까운 지인들에게 카톡으로 보내, 그날의 느낌을 공유했다.

　세월호가 침몰하던 그날 우리는 바다에 속수무책으로 가라앉던 그 안타까운 장면을 TV 화면으로 생생히 보았다. 해경 함정과 헬기, 많은 민간 선박들이 승객들을 구하려고 이리저리 부산하게 왔다 갔다 하는 광경도 보았다. 그러나 대부분의 승객들과 함께 세월호는 곧 바다 밑으로 가라앉았다. 세월호 참사는 단순히 여객선 하나의 침몰에 그친 것이 아니었다. 우리 사회의 정치적·경제적·사회적 책임과 윤리가 동시에 침몰한 사건이었다.

어린 학생들 다수를 포함한 많은 국민들이 희생된 대참사였음에도 불구하고, 사건 발생 수 시간 동안 국정 최고책임자인 대통령의 행방은 묘연했고, 현장에서 구조 작업을 벌이던 해경 선박과 헬기들은 실제로는 제대로 된 구조를 하지 못한 채 주변만 빙빙 돌고 있었다. 선장과 선원들은 승객들의 탈출을 돕기는커녕 배 안에 가만히 있으라면서 승객들을 오히려 사지로 몰아넣었다. 더욱 나를 화나게 하는 것은 승객들을 배 안에 그대로 남겨 둔 채 자기들만 살겠다고 허둥지둥 먼저 배를 빠져나오던 선장과 선원들이었다. 참으로 이기적이고 무책임한 모습이었다. 또한 초기에 사고 소식을 전하던 일부 방송은 승객들이 전원 구조되었다는 오보를 날림으로써 혼란을 가중시켰다. 무엇보다도 사고의 원인이 화물 과적과 선체 결함 및 정비 불량 등이었다고 하니, 결국 돈벌이에 눈이 먼 해운사의 과욕과 안이한 대처가 이런 참담한 사고를 불러온 것이라고 할 수 있을 것이다.

이런 여러 가지 문제와 모순이 중첩된 사고에 대해 진상 규명을 외치던 유가족들, 특히 갑작스럽게 자식을 잃은 부모들의 요구와 항의에 대해 정부는 어떻게 대응했는가. 진상 규명과 책임자 처벌은 차일피일 미뤄지고, 나중에는 유가족들의 정당한 요구와 시위를 야당과 야합한 정치 행위로

몰아가기도 했다. 심지어는 단식 농성 중인 유가족들 앞에서 피자를 먹으며 이른바 '폭식 투쟁'을 하는 몰염치를 보이기까지 했다. 참으로 천인공노할 일이 아닐 수 없었다.

노란 리본으로 상징되는 세월호 참사는 아직까지도 우리 사회에 많은 질문을 던지고 있다. 국가란 무엇인가? 그럴 때 국가 지도자는 어떻게 해야 하는가? 정부와 관계 당국은 어떻게 대처해야 하는가? 사회적 참사와 기업, 그리고 언론의 책임은? 그 희생자 혹은 유가족에 대해 공동체 일원으로서 우리는 어떻게 해야 하는가? 이런 참사를 막기 위한 대책은 무엇인가, 그리고 어떻게 예방해야 하나? 등….

세월호 참사가 있고 나서도 대형 참사는 계속되었다. 세월호 사고 이후 집중호우로 인한 오송지하차도 침수 사고도 있었지만, 그보다 1년 전인 2022년 10월 29일에는 이태원 참사가 있었다. 이 참사로 159명의 사망자가 발생했다. 역시 희생자 대부분이 젊은 청년들이었다. 우리나라에서 길바닥에 넘어져서 그렇게 많은 희생자가 발생한다는 것은 상상조차 못했던 일이었다. 그 역시 예방 조치는 물론 초기 대응에 실패했고, 정부와 관계 당국의 적절한 조치나 납득할 만한 사과도, 책임자 처벌도 없었다. 사고 당일의 용산 대통령실 경호 경비와 무관하지 않았다는 진단도 있었다. 보라색 리본으로 상징되는 이태원 참사에 대한 정부 당국의 대응과 태도는 세월호 참사의 그것과 크게 다르지 않았다.

박근혜 정부는 세월호 참사에 대한 무책임하고 소극적인 대응으로 국민의 신뢰를 잃다가 최순실 국정농단 사건으로 몰락했다. 윤석열 정부는 이태원 참사에 대한 무책임하고 소극적인 대응으로 국민의 신망을 계속 잃다가 계엄 사태로 자멸하고 말았다. 언제 닥칠지 모르는 사회적 참사, 그에 대한 예방이 제일 중요할 것이다. 그러나 예측불가한 상황에서 사회적 참사가 발생했을 때, 정부와 관계 당국이 신속하고 적절하게 대응하고 진정성 있는 확실한 사과와 책임을 질 때 사회적 갈등과 비용을 그만큼 줄일 수 있을 것이다.

세월호 참사와 이태원 참사를 비롯한 우리 사회 여러 참사 희생자들의 명복을 빈다. 그리고 그 유가족들에게 심심한 위로의 마음을 전한다. 그들 모두가 우리 사회 공동체의 한 일원이며 이 시대의 같은 배를 탄 삶의 동반자들이기 때문이다.

제주항에 그들은 아직 오지 않았다.
제주는 그들의 꿈으로 아직 남아 있다.

(2025. 6. 5.)

제주항에서
- 2014. 4. 26.

세월호 아이들이
이미 놀다 갔을 시간인데
그들은 아직 오지 않았다

파도는 밀려 밀려 항구를 때리는데
그들은 아직 오지 않았다

뱃고동 소리
거듭거듭 그들을 불러쌌는데
아무도 대답이 없다
아무런 대답이 없다

미안하다 돌아오라
산 자는 애걸 통곡을 하는데
그들로부턴 용서한다는
외마디 소리도 없다

서부두항에서 보는 낙조는
화난 슬픔보다 더 붉다

검붉어지는 서천은
끓다가 타 버린 어버이 마음만 같다

항구는 함구할 뿐이다

(정말 미안하다)

(2014. 4. 26.)

* 2016년 1월 동인지《上段》, 제26호 게재

격세지감 1
- 또박또박과 또닥또닥

1980년대 초 내가 대학원 다니던 시절 얘기다. 아마 '한국 언론사(史)' 수업이었던 것 같다. 학기 초 수업 시간에 한 대학원생이 교수님한테 호되게 야단을 맞고 있었다. 학생들은 매주 각 시대별 과제를 부여받아 수업하기 전에 리포트를 제출하고, 수업 시간에 그것을 돌아가며 발표하기로 되어 있었다. 그러면 교수님은 그에 대한 간단한 코멘트와 함께 나름의 평가를 해 주셨다. 사회적으로도 아주 유명한 분이신 데다가 평소 매우 근엄하신 것으로 알려져 있어 학생들은 그 교수님을 상당히 무섭게 여겼다. 우리는 늘 쫄아 있었다. 리포트를 제출하면 항상 꼼꼼히 체크하고 핵심을 잘 간파하시는 분이라 매우 신경 써서 리포트를 작성해야 했다.

내용도 내용이지만, 맞춤법을 틀리거나 어법에 안 맞는 표현을 써도 어김없이 지적을 받곤 했다. 그만큼 우리말과 우리글에 대한 애착도 강하신 분이셨다.

그런데 학기 초 어느 날 한 학생이 심하게 야단을 맞은 것은 리포트 내용이나 맞춤법 때문이 아니었다. 그 학생이 제출한 리포트는 눈에 띄게 다른 학생들 것과 달랐다. 당시 다른 학생들은 모두 리포트를 직접 손으로 써서 내용을 작성하고 표지도 손 글씨로 정성스럽게 써서 제출했다. 유독 그 학생만 리포트를 타이핑해서 제출했다. 그것이 화근이었다.

교수님은 타이핑해서 제출한 리포트를 집어던지며 버럭 화를 내셨다. "아니, 여기가 무슨 회사 사무실인 줄 아나? 교수한테 내는 리포트를 어찌 타자를 쳐서 낸단 말이야?" 하며 노발대발 그 학생에게 야단을 치셨다. 그러고는 "신언서판(身言書判)이라고 알아?"라며 덧붙여 물었다. 물론 답하라고 던진 물음은 아니었다. "말하고 글씨 쓰는 것을 보면 그 사람을 안다고, 수업 시간에 발표하는 것, 리포트를 직접 손으로 써서 내는 것, 이 모두가 훈련이야" "여기가 무슨 회사 사무실도 아니고… 어떻게… 이럴 수가!" 갈수록 교수님의 억양은 거칠어졌다. 교수님의 호통은 '세상에 어찌 이런 일이!' 정도의 수준이었다.

사실 그랬다. 당시까지만 해도 수업에서 과제물을 낼 때 학생들은 대부분 직접 손으로 리포트를 작성해서 냈다. 아주 간혹 수업에 따라 타자를 잘 치는 학생이 타이핑해서 리포트를 내는 경우도 가끔은 있었다. 그런 건 극히 예외적인 경우였다. 그렇다고 해도 대부분의 교수님들은 그렇게까지 야단치지는 않았다. 실제 많은 교수님들이 외국에서 공부를 하고 왔기 때문에 타이핑 문화가 그리 부자연스럽게 여겨지진 않았기 때문이었다. 그런데 〈한국언론사〉 교수님의 경우에는 타이핑해서 낸 리포트에 대해 매우, 아주 많이 불쾌해 하셨다. 타이핑 리포트를 낸 학생과 그것을 받은 교수님 사이에 심한 간극이 있었던 셈이다.

나중에 안 일이지만 그 학생은 실제 글씨를 잘 못 썼다. 누가 봐도 못난 글씨였다. 노력을 많이 해도 크게 개선되지 않았다고 한다. 그래서 배운 게 타자였고, 그런 사정의 연장선상에서 타이핑한 리포트를 제출하게 된 것이었다. 못 쓰는 글씨를 드러내지 않고, 멋진 타자 글씨로 편집한 리포트를 낸 그 친구의 사정을 듣고 보니 충분히 이해할 만했다. 그런데 그것이 그 교수님에게는 전혀 통하지 않았던 것이다. 결과는 호된 야단으로 돌아왔다. 눈물이 날 정도로.

그리고 거의 20년의 세월이 지났을까? 2000년대로 갓 넘어간 어느 해. 정년을 눈앞에 둔 바로 그 교수님의 한 대학원 수업 시간에 또 다른 학생이 그 교수님으로부터 심한 야단을 맞고 있었다. 그 역시 리포트 때문이었다. 물론 이번에도 글씨 때문이었다. 그런데 그 이유가 20년 전의 그것과는 판이하게 달랐다. 다른 학생들은 모두 컴퓨터로 작성하여 잘 편집한 리포트를 냈는데, 한 학생만 손으로 쓴 리포트를 제출했기 때문이었다. 그 학생을 나무라며 교수님이 하신 말씀인즉슨, "지금이 어떤 세상인데, 개발새발 손으로 쓴 리포트를 내느냐"는 것이었다. 그런 리포트는 읽기도 어렵다는 말씀까지 덧붙였다. 정년이 다 된 교수님의 노안으로는 실제 손 글씨가 읽기 불편했을 것이다. 같은 교수님이신데 학생들 리포트를 대하는 생각과 말씀은 20년 전과 정반대가 되었다. 세상이 달라진 것인가, 교수님이 달라진 것인가. 물론 세상이 달라졌으니, 교수님 생각도 달라지셨겠지 싶다. '또박또박' 손으로 정성 들여 쓴 리포트를 좋아하셨던 교수님이 20여 년 뒤에는 '또닥또닥' 키보드를 쳐서 작성하고 이쁘게 편집한 리포트를 좋아하시는 교수님으로 바뀐 것이다.

1980년대 초만 해도 개인용 PC가 본격 보급되기 전이었다. 그때는 주로 타자병으로 군에 입대하려던 젊은 대학생들이나 상고 출신 취업 준비생 정도가 학원에서 타자를 배우고 익히던 때였다. 일반 학생들은 리포트를 손으로 쓰는 것을 당연시했고, 대학의 수업 문화 역시 그랬다. 그러나 2000년대 들어오면서는 컴퓨터 문화가 대중화되어 누구나 문서 작성을 컴퓨터로 하는 시대로 점차 바뀌었다. 자연스럽게 대학에서도 컴퓨터로 작성한 리포트 제출이 일반화됐다. 2020년을 넘어선 지금은 손으로 써서 내는 리포트는 상상도 할 수 없게 되었다. 그만큼 세상이 바뀐 것이다.

그런 와중에 '신언서판'을 그렇게도 강조하시던 그 교수님조차 거센 변화의 물결을 한 몸으로 막기는 어려우셨을 것이다. 그러나 정년을 하신 지 20년도 훨씬 넘는 지금도 그분의 우리말 우리글 사랑은 여전하시다. 그리고 20년 전, 아니 지금 시점에서는 40년 전, 글씨를 잘 못 써서 타자기로 리포트를 냈던 그 학생은 그 뒤 그 때문에 컴퓨터를 아주 잘 다루는 실력자가 되었다. 지금은 어느 대학 유명 교수로 이름을 날리고 있다. 그때의 그 선택이 당시 수업 시간에는 잠깐의 모멸이었겠지만, 길게 보면 성공의 한 모종(苗種)이 된 것임에 분명하다. 시대를 앞서갔던 그 학생의 입장에서는 아팠겠지만 귀한 경험이었을 것이다.

20년 사이에 달라진 한 교수님의 다른 두 반응. 그에 대한 나의 되새김은 '또박또박'과 '또닥또닥'이라는 두 문명의 충돌과 변화에 대한 하나의 엿보기였던 것 같다.

* 2022년 6월 《한솔문학》, 제7호 게재

격세지감 1
- 또박또박과 또닥또닥

20세기 어느 교수님 대학원 수업 시간
다들 손 글씨로 정성 들인 보고서냈건만
한 친구는 글씨 탓에 타자 쳐서 그냥 냈네
여기가 회사냐, 여기가 관공서냐
교수님 큰 호통에 그 아이 얼굴 빨개졌네

21세기 그 교수님 같은 과목 수업 시간
다들 컴퓨터로 깔끔 멋진 보고서 냈건만
한 친구는 손 글씨로 직접 써서 그냥 냈네
지금이 어떤 때냐, 글씨마저 이게 뭐냐
교수님 큰 야단에 글 쓴 아이 기가 죽네

한때는 신언서판(身言書判)이라며
또박또박 쓴 글씨 주류더니
이제는 정보시대(情報時代)라며
또닥또닥 친 글씨가 대세구나

교수님의 엄하심도 세태 따라 변하는가
타자 쳐서 야단맞던 20세기 그 학생은

컴퓨터로 다음 세기 유명 교수 되었으니
오히려 그 친구가 시대를 앞선 건가

(2022. 6. 29.)

격세지감 2
- 정년(停年) 풍경

딱 20년 전의 일이다. 한일 월드컵이 열린 2002년 2월, 대학 은사님이 정년 퇴임을 하셨다. 학창 시절부터 모셨던 교수님이 다섯 분이셨는데, 그중 마지막 은사님이 정년을 맞으신 것이다.

퇴임 행사는 성대히 열렸다. 서울 시내 광화문에 있는 프레스센터 제일 높은 층 국제회의장에서 열린 행사는 학계 어른들과 회원들은 물론, 동료 교수들과 많은 제자들로 인산인해를 이루었다. 신문방송학이라는 전공 특성상 언론계 인사들도 많았다. 언론홍보대학원이라는 특수대학원 원장을 오래 역임하셨고 거기서 최고위과정도 운영하셨기에 각계 인사들도 많이 참석했다. 대략 오백 명은 넘었을 성싶다.

식순에 따라 전반부는 인사말과 축사 등 축하와 감사를 표하는 말의 성찬으로 가득 채워졌다. 물론 후반부는 스탠딩으로나마 뷔페식 만찬도 곁들여졌다. 행사 중에는 편찬된 기념 논문집 봉정식도 있었다. 제자들이 정성 들여 만든 정년 기념 논문집을 참석자 모두에게 한 권씩 챙겨드렸다. "감사합니다"라는 인사와 함께.

이런 행사는 그 이전 10년 전부터 거의 매년 한 번씩 있었다. 첫 행사는 1993년 가장 연로하신 교수님의 회갑 기념 행사였다. 묘하게도 교수님 다섯 분의 생신이 1933년생부터 1937년생까지 쭉 이어져 있었다. 그런 탓에 교수님들 한 분 한 분 회갑 기념행사도 거의 매년 계속 이어졌다. 그래서 최연소 교수님의 회갑 기념행사를 끝내고 나니, 그다음 해부터는 다시 가장 연장자이신 교수님의 정년 기념행사로 이어졌다. 그렇게 해서 2002년 2월에 가서야 마지막 은사님의 정년 행사로 10년간의 행사 대장정이 마무리됐다. 유감인지, 다행인지 그 사이 교수님 한 분은 개인 사정으로 도중에 학교를 그만두시어 그만큼 일(?)을 덜게 되었다.

당시 교수님을 모시던 제자들 입장에서는 '행사' 준비만이 부담된 것이 아니었다. 교수님들의 회갑이나 정년 행사에는 반드시 '기념 논문집'을 만들어 봉정하는 것이 기본이었고, 거의 필수였다. 그래서 행사장의 현수막도 '회갑 기념식'이나 '정년 기념식'이 아니라 '회갑 기념 논문집 봉정식'과

'정년 기념 논문집 봉정식'으로 되어 있었다.

하지만 그런 논문집이 그냥 뚝딱 나오는가? 결코 그렇지 않다. 많은 노력과 정성이 있어야 한다. 모시는 교수님의 주(主)전공이 있게 마련이다. 그에 맞는 어떤 주제를 정해서 제자들이 논문집을 기획하고 거기 실을 논문을 분담하거나 청탁해서 책으로 펴내는 것이다. 당시 제자들의 은사님에 대한 가장 상징적인 보은은 바로 은사님의 회갑과 정년 두 차례에 걸친 논문집 봉정식을 마련해 드리는 일이었다.

행사를 성공적으로 치르기 위해서는 제자들의 정신적, 물질적 기여가 불가피하게 된다. 대개 제자들은 자신의 영혼을 담은 지적 선물로서의 논문은 물론, 논문집 발간과 봉정식 행사에 소요되는 물적 선물로서의 경비를 분담한다. 교수님의 회갑과 정년은 그동안 가르쳐 주시고 학계나 현업에서 성장할 수 있게 해 주신 스승의 은혜에 보답하는 결정적인 기회였던 셈이다.

적어도 20세기에는 이런 행사들이 너무도 당연시되었고, 심지어는 경쟁적으로 이루어지기까지 했다. 같은 학과의 교수님 사이에서도 누구는 행사 때 책을 두 권 내는가 하면, 누구는 한 권만 내는 것도 은근히 비교가 됐다. 누구는 아주 두툼하게, 누구는 얄팍하게 내는 것도 한눈에 비교가 됐다. 기념 논문집이 두툼하고 멋지게 나올수록, 그리고 기념식 날 여러 권의 책을 낼수록 더 권위가 있고, 더 많은 제자들로부터 존경을 받는 선생인 것처럼 생각하는 이도 있었다. 어느 대학의 한 교수님은 국내 최대의 문화회관 한 홀에서 정년 기념행사를 하며 여섯 권이나 되는 책을 선물해서 주위를 놀라게 했다. 정말 대단한 위용(?)을 과시한 셈이다. 나중에 알고 보니 제자들이 알아서 만들어 드린 기념 책이라기보다 당신의 기획과 독려로 이루어진 성과라니 그것도 나름의 기록은 기록이라고 입을 모았다.

그런데 내가 알기로는 그런 논문집에 실린 많은 논문들은 대개 '행사용'으로 쓰였고, 행사 후에는 '비치용'으로 책장을 장식하는 데 그치는 경우가 많았다. 물론 행사용 논문에 담긴 좋은 아이디어가 훗날 아주 훌륭한 논문으로 발전했을 수도 있었을 것이고, 훌륭한 교수님의 우수한 제자들이 잘 기획한 기념 논문집은 관련 학계의 주요 필독서로 계속 그 빛을 발하는 경우도 있었을 것이다. 그런데 내 기억에는 그런 책이 별로 없었다는 게 솔직한 고백이다. 그래도 그런 책을 만들려고 애썼고, 그런 행사를 하려고 열심히 도왔던 나 자신이 그때는 너무도 당연한 일을 한다고 생각했고, 뭔가 큰일을 해낸 듯 자랑스럽기까지 했다.

마지막 은사님의 정년 퇴임 행사가 있은 지 20년 뒤, 나에게도 운명의 날이 가까이 왔다. 이제 한 학기만 지나면 나도 정년을 맞게 된 것이다. 세월 참 빠르다 싶다. 벌써 2~3년 전부터 같은 학과에 재직했던 내 또래급 동료 교수들이 정년 퇴임을 하고 나갔다. 은사님들과 같이 역시 다섯 명이 1954

년생부터 1957년생 사이로 나이대도 촘촘히 엇비슷했다. 그중 내가 맨 막내였다.

그런데 동료 교수들의 회갑과 정년은 20년 전 은사님들의 그것과는 너무도 대조적이었다. 회갑이라고 무슨 행사를 벌인 적도 없었고, 정년이라고 기념 논문집을 낸 사람도 없었다. 세상이 달라졌고, 상황이 완전히 바뀐 것이다. 길게 보면 세태의 변화 때문이고, 짧게 보면 코로나 폭격 때문이기도 했다. 다섯 명의 또래 교수 중에 가장 선배 격인 한 분은 코로나 상황 직전에 정년을 맞았다. 때문에 그나마 학교 식당에서 조촐한 퇴임 축하 행사라도 할 수 있었다. 참석자들에게 자신의 대표 저술을 손질한 개정판 단행본 한 권씩을 선물하기도 했다. 은사님들처럼 화려하고 장중한 행사는 아니었지만, 가까운 동료 지인들과 제자들이 모여 그간의 노고에 감사하고 서로 격려하는 따뜻한 시간을 가졌다.

충격적인 변화는 그다음부터였다. 그 이듬해 다른 두 분은 코로나 사태가 심각해진 이후에 정년을 맞았다. 행사는커녕 식사도 어려웠다. 그나마 겨우 하루 날을 잡아 현직 교수들이 두 분을 모시고 저녁식사 한 끼를 한 것이 공식 행사도 아닌 모임의 전부였다. 그러고 나서 두 분은 각자 알아서 조용히 정년을 했다. 점입가경이랄까, 설상가상이랄까. 바로 그다음 해 2월에 정년을 한 동료 교수는 현직 교수들과 밥 한 끼도 같이 하지 못했다. 그 전해 가을부터 겨울 방학 동안에라도 같이 날 잡아서 식사 한번 하자고 했는데 결국 그러지도 못했다. 코로나로 인해 사적 모임의 인원수를 제한하다 보니 열 명이 넘는 교수들이 한자리에 모일 수가 없었다. 정년을 맞은 동료 교수가 개인적으로는 몇몇 제자들을 만나 축하와 감사의 뜻을 담은 식사는 몇 차례 했을 것이다. 그러나 학과나 학부 차원에서는 어떠한 행사도, 어떠한 식사도 없었으니 참으로 안타깝고 아쉬운 일이 아닐 수 없었다.

짧게는 20년 이상, 길게는 30년 넘게 수많은 학생들을 가르치고 학교를 떠나는 노교수의 입장에서 마지막 날까지 아무런 세리모니도 없이 혼자서 조용히 연구실 문을 닫고, 마치 퇴근하듯 교문을 나선다는 것. 아무에게도 민폐 끼치는 일이 없었으니 그런 점에서는 좋았을지 모르겠다. 그러나 20년 전 은사님들의 회갑과 정년 때 10년 가까이를 계속해서 사역하듯 논문도 쓰고 힘들여 행사 준비도 했던 바로 그 제자 교수가 -회갑은 그렇다 치더라도- 막상 정년을 하며 학교를 떠날 때, 아무도 없는 캠퍼스의 여남은 낙엽만이 발에 밟힌다면, 이건 좀 너무한 것 아닌가? 코로나를 탓해야 하나, 세태나 운명을 탓해야 하나? 아니면 나 자신을 탓해야 하나?

여전히 코로나가 기승을 부리고 있는 지금, 난들 이 큰 흐름에서 예외일 수 있을까? 별일 많던 20년 전 은사님들의 요란빽적지근하던 정년 행사와 아무 일 없이 캠퍼스를 떠나는 동료 교수들의 정년 현실이 너무나 대조적이다. 나도 마음을 비우고 가방을 싸야겠다. 그리고 無事히 끝내야겠다. 아무 일 없이 無事히?!

---

* 2022년 6월 《한솔문학》, 제7호 게재
* 나의 경우는 단체 모임이 가능했던 코로나 방역기간 말미에 정년 퇴임을 하게 되어 애제자들이 시내 고급호텔에서 분에 넘치는 축하행사를 마련해 주었다. 지면을 통해서 여전한 감사의 마음 전한다.

격세지감 2
- 정년(停年) 풍경

1933, 1935, 1935, 1936, 1937
은사님 다섯 분의 연이은 생신년

1993, 1995, 1996, 1997
은사님 네 분의 연이은 회갑 축하연
1998, 2000, 2001, 2002
은사님 네 분의 연이은 정년 축하연

1993으로부터 2002까지
10년 보은 행사 잘 치렀다
때마다 제자들 글 모아서 두툼한 논문집 만들고
때마다 제자들 돈 모아서 거창한 행사도 잘 치렀다

20년 세월의 차이랄까
1954, 1955, 1955, 1956, 1957
제자 교수 다섯 명의 연이은 생년

2014, 2015, 2015, 2016, 2017
제자 교수 다섯 명의 연이은 회갑년

2019, 2020, 2020, 2021, 2022
제자 교수 다섯 명의 연이은 정년

2014부터 2022까지
논문집 보은 행사 하나 없고 거창한 행사 더더욱 없네
식사 자리 한 번 제대로 못 가진 이도 있네
그놈의 코로나
코로나 바이러스 때문이긴 하지만

평생 바친 학교이건만
정년 맞은 노(老)교수는
홀로 낙엽 밟으며 캠퍼스를 떠나가네

(2022. 6. 30.)

마스크 수업
― 익안(匿顔)의 제자들

코로나 때문에 마스크 쓰는 게 일상화된 시기가 있었다. 심지어 2020년 11월부터 2023년 1월까지 2년 3개월간은 실내 마스크 착용이 의무화되기까지 했다. 당연히 학생들은 물론 선생도 학교에서는 마스크를 쓰고 수업을 해야 했다.

코로나 팬데믹 동안 상당 기간은 온라인으로 수업을 했다. 나도 줌(zoom)을 이용해서 강의를 했다. 교수와 학생이 모두 학교에 나올 필요 없이 각자 집이나 카페 등에서 정해진 시간에 온라인으로 수업에 참여하면 됐다. 2년 정도 그런 수업을 하다가 2022년 가을 학기부터는 학교에서 대면 수업이 다시 가능해졌다. 물론 실내 마스크 착용 의무는 아직 해제되지 않은 상태였기 때문에 모두 마스크를 쓰고 수업에 참여해야 했다.

　오랜만에 교실에서 학생들을 만나 다시 대면 수업을 하게 되었으니 그나마 다행스럽다고 생각했고 설렘도 있었다. 그러나 사제지간의 인간관계 차원에서 보면, 그 학기는 내게 최악의 학기였다. 자신이 가르친 학생들이 도대체 어떻게 생긴 누구인지 대부분 얼굴도 모르고 가르친 한 학기였기 때문이다. 35년 이상 학생들을 가르치면서 이런 적은 한 번도 없었다.

　온라인 수업을 할 때는 그래도 화면을 통해 접속한 학생들을 볼 수 있었다. 여럿을 한꺼번에 볼 수도 있었고, 발표하거나 토론하거나 대화하는 학생의 근접 확대된 얼굴도 컴퓨터 화면으로 또렷이 볼 수 있었다. 그러나 재개된 대면 수업에서는 수업에 참여한 학생들의 얼굴을 제대로 볼 수 없었다. 모두 마스크를 쓰고 앉아 있었기 때문이다. '실내 마스크 착용 의무' 규정으로 인해 마스크를 벗으라고 할 수도 없는 노릇이었다. 보조적으로 이용하는 온라인 수업 사이트에 본인 사진을 올리는 난이 있긴 했지만, 그것도 '개인정보'라고 생각한 것인지 대부분의 학생들이 올리지 않았다. 일부 자신의 사진을 올린 학생도 있었지만 사진 크기가 작고 해상도도 많이 떨어져서 정확히 얼굴을 알아보기 어려웠다.

　그렇게 한 학기가 지나갔다. 한 학기 내내 나는 마스크를 쓴 학생들을 바라보고 강의를 했고, 학기 후반부에는 학생들이 조 편성을 해서 조별로 앞에 나와 발표도 했지만 모두 마스크를 쓰고 했다. 수업 시간에 이따금 어떤 학생을 불러 질문을 하고, 그 학생이 대답도 했지만 항상 마스크를 쓴 채 그렇게 했다. 좀 적극적이다 싶은 학생은 손을 들어 질문을 했고, 그를 바라보며 내 나름의 답변도 했지만 역시 마스크를 쓰고 했다. 수업이 끝난 뒤 가끔 출석 체크를 하기 위해, 혹은 추가적인 질문을 하기 위해 교탁으로 다가와 바로 내 옆에서 문의나 질문을 하는 학생들도 있었지만 역시 마스크를 쓴 채 그렇게 했다. 그러니 정확히 그의 혹은 그녀의 얼굴을 알 수는 없었다. 중간고사와 기말고사 때도 마찬가지였다. 한 학기 내내 우리는 마스크를 쓰고 수업을 했고, 그러다가 종강을 했다.

가을 학기가 끝나고 겨울 방학에 접어들었을 때 얼굴이 기억나는 학생은 아무도 없었다. 분명 여러 학생들이 내 수업을 들었고 그들과 한 학기를 같이 보냈지만, 이 '마스크 수업' 학생들의 이름은 알아도 정확한 얼굴은 알 수가 없었다. 나는 2022년 가을 학기 수업을 익명, 아니 익안(匿顔)의 학생들과 수업을 한 것이다. 그들의 얼굴은 내게 여전히 미지의 상태로 남아 있다.

심지어는 매주 수업을 도와주던 대학원 박사 과정 조교의 얼굴도 모른 채 한 학기가 지나갔다. 그 대학원생은 수업 시작할 때 배정을 받았고, 개강하는 날 역시 마스크를 쓴 채 교실에서 처음 만났다. 그의 얼굴을 직접 본 것은 종강을 하고 수고했다고 학교 식당에서 점심밥을 한 끼 샀을 때였다.

식사할 때는 마스크를 벗어야만 했으니까. 식당에서 조교가 마스크를 벗는 순간 약간 놀랐다. 생각보다 훨씬 더 핸섬했기 때문이다. 아마 그 조교도 놀랐을 것이다. 생각보다는 꽤 늙은 교수였구나 하고.

(2023. 7. 11.)

마스크 수업
– 익안(匿顔)의 제자들

코로나 한창 때
한 학기 내내
마스크 쓰고 수업을 했다
학생들도 모두 마스크를 썼다
나도 마스크를 썼다

강의도 하고
발표도 하고
질문도 하고
대답도 하고
시험도 물론 봤다

개강하고 거의 네 달 동안
수업을 했다
그리고
마침내 종강을 했다

그런데
그때 그 학생들이 누구인지

누구였는지
아직도 얼굴을 모른다

마스크에 가리워진
제자들의 얼굴은 그래서 추억 속에도 없다

그때
우린 서로
실재(實在)했던 부재(不在)의 시간이었다

(2024. 5. 6.)

주님과 주놈

나는 술을 좋아한다. 저녁 모임에 가면 당연히 식사 자리에는 술이 있어야 하는 것으로 생각한다. 우리나라의 저녁 식사 모임은 대개가 그렇다. 특히 남자들이 모이면 술잔으로 건배를 하는 게 당연하게 여겨진다. 간혹 술을 못 하는 친구라도 있으면 사이다나 콜라를 시켜서라도 같이 건배한다. 그것도 싫다 하면 물잔이라도 같이 들라고 한다. 음주를 금하는 개신교 신자나 목사님, 스님 정도는 물론 이해하고 존중한다. 종교적인 이유가 아니더라도 체질적으로 혹은 건강상의 이유로 술을 못 마시는 분들도 적지 않다. 술 한 잔만 마셔도 힘들다는 분들도 의외로 많다.

그런데 나는 술을 좋아한다. 그렇다고 혼자 있을 때 술을 찾아서 마시는 정도는 아니다. 특별한 경우가 아니면 '혼술'은 하지 않는다. 다른 사람들, 특히 친한 사람들을 만나면 당연히 저녁 식사 때는 술이 있어야 하는 것으로 안다. 가끔은 낮술도 하지만, 그건 어쩌다가 가끔 있는 일이다. 식사를 하면서 술을 곁들이면 마치 윤활유를 부은 듯 얘기도 서로 잘 풀리고 기분도 좋아진다. 이렇다 보니 거의 매일 저녁 약속이 있으면, 거의 매일 술을 마시게 되는 셈이다. 간간이 많이 마시는 날도 있다. 많이 마시는 날이 이어지다 보면 몸도 좀 부대끼고 다음 날 아침이 좋을 리 없다. 오전 내내 힘들 때도 있다. 그래도 저녁때가 되면 다시 저녁 약속 장소로 간다. 특별히 술을 삼가야 할 때나 장소가 아니라면 영락없이 저녁 메뉴에는 술이 곁들여진다. 그리고 즐겁게 밤이 깊어 간다.

어느 날 동네 성당에 다니는 고교 선후배 모임이 있어 약속 장소로 갔다. 가면서 '오늘의 건배사'를 생각했다. 서로의 근황과 안부에 대해 얘기를 나누기도 하지만, 돌아가면서 한마디씩 건배사를 하는 자리이기도 했다. 대개가 흔한 건배사들이다. 서로의 건강과 행복을 기원하기도 하고, 파이팅을 외치기도 한다. "~을 위하여"가 주로 대종을 이룬다. 나이 든 사람들이다 보니 건강을 기원하는 건배사가 많다. "백 살까지 두 발로 산에 가자"며 '백두산!'을 외치기도 하고, "청춘은 바로 지금부터"라며 '청바지!'를 선창하기도 한다.

뭔가 좀 새로운 게 없을까를 고민하며 시장통 옆의 약속된 식당을 찾아가던 참이었다. 문득 어떤 생각이 떠올랐다.

성당 다니는 사람들은 주님을 섬기는 사람들이다. 그리고 모두가 보통 이상의 술을 하는 분들이다. 주님은 거룩한 분이시니 "주님"이고, 술은 평소에 쉽게 접하는 것들이니 "주놈"이라 부르는 것도 괜찮을 것 같았다. 주님은 '모시는' 분이시고, 주놈은 '마시는' 것이다. 마음속에 장난기가 맴돌았다. '주님은 모시고, 주놈은 마신다?' 콘셉트가 괜찮았다. 일단 내가 건배사를 할 때의 기본 개념은 잡힌 셈이다. 내가 "주님은?" 하고 선창하면 "모시자!" 하고 외치게 하고, 다시 내가 "주놈은?" 하고 선창하면, 다른 분들은 "마시자!" 하고 후창하게 하면 좋을 성싶었다.

그런데 그렇게만 하면 좀 싱거울 것 같다는 생각도 들었다. 앞에다 그럴 듯한 사설(辭說)을 좀 늘어놓는 게 좋을 것 같았다. 일종의 스토리텔링. 그럴싸하게 앞에다 너스레를 좀 떨다가, 그런 건배 제의를 하면 좀 더 멋지지 않을까 하는 생각이었다.

이럴 때는 머리가 잘 돌아가는 것 같아서 걸으면서 나 홀로 유쾌했다. 주님과 주놈의 차이를 재미있게 얘기하고 난 뒤라면, 건배 제의는 마치 마지막 방점을 찍는 것 같은 효과가 있지 않을까 생각했다. 둘의 차이를 뭐라고 하지? 어설픈 생각들이 머릿속을 줄지어 지나갔다. 식당이 있는 곳의 건너편 횡단보도쯤 왔을 때 대략적인 그림이 그려졌다. 속으로 웃음이 나왔다. 스스로 만족, 즉 자족(自足)한 것이었다.

무슨 면옥인가 하는 식당에 도착하니 약속한 분들이 대

부분 미리 와 있었다. 반갑게 인사 나눈 뒤 제일 나이 많은 선배를 중심으로 편하게 자리를 잡아 빙 둘러앉았다. 간단한 반찬들은 이미 차려져 있었고, 수육과 만두 등을 시키고, "맥주 셋, 소주 둘" 하며 술도 시켰다. 직장 얘기, 성당 얘기, 집안 얘기, 그리고 옛날 학교 얘기 등. 그런 말들도 좋은 안주가 되었다. 몇 분이 건배 제의를 했는데, 대개가 '백두산'이나 '청바지' 같이 늘 하던 것들이었다. 뒤에다 "~을 위하여!"라는 건배사도 물론 빼놓지 않았다. 막내에 가까운 나에게도 느지막이 기회가 왔다.

좌중을 향해 "술잔 다 채우셨나요?" 하고 묻고는 "모시는 주님과 마시는 주놈의 차이가 무엇인지 아시나요?" 하고 질문을 던졌다. 예상치 못한 갑작스런 물음에 모두 어리둥절한 기색이 역력했다. '무슨 소리야?' 하는 표정들이었다. 약간의 뜸을 들이니 좌중의 호기심은 더욱 고조되었다. 뭔가 재미있는 답을 기대하는 눈치도 보였다. '이때다' 그러면서 나는 정답 같은 답변을 하나씩 이어 갔다.

"마시는 주놈들은 언제나 식탁 위 우리 눈 아래 있지만, 모시는 주님은 항상 우리 눈 위에 계십니다." 그랬더니 '그건 그렇지!' 하는 눈치들이었다. 그리고? "마시는 주놈들은 약주, 소주, 정종, 맥주, 탁주, 법주, 막걸리, 위스키, 브랜디…. 이것저것 여럿이지만, 모시는 주님은 오직 한 분이십니다." 그 역시 마찬가지 반응. 성당 다니는 사람들이니 그런 말을 부정할 리 없었다. '그래, 그래' 하는 표정들이었다. 항상 마지막 부분이 중요한 법. 다시 약간 뜸을 들인 후 "그리고… 주놈은 가까이하면 할수록 우리를 비틀거리게 만들지만, 주님은 가까이하면 할수록 비틀거리는 우리를 바른길로 인도하십니다." 그랬더니 예상대로 와! 하는 탄성이 터져 나왔다. 이미 술도 몇 잔 기울인 기분이었으니 '정말 말 되네!' 하는 반응이었다. 그런 반응에 바로 이어 내가 "자! 건배 제의 합니다"라고 하면서 "주님은?" 하고 선창하니 일제히 "모시자!"로 화답했고, "주놈은?" 하고 외치니 "마시자!"로 호응했다. 그러고는 모두 단숨에 잔을 비웠다. 기분 좋게.

성당 다니는 사람들에게는 말하기 좋고, 또 듣기도 좋은 그런 건배사라는 자족감이 순간 밀려왔다. 그날 이후 성당 사람들과 함께 하는 저녁 자리에서 내가 하는 건배사는 '모시는 주님과 마시는 주놈'이 되었다. 그러나 그것도 어쩌다 가끔씩 해야 맛이지, 계속하게 되면 재미가 없는 법. 그래서 나는 요즘 다른 새로운 건배사를 구상해 보고 있다. 가나에서의 예수님 첫 기적인 포도주 얘기가 나오는 요한복음 2장 3절에서 11절까지의 내용을 묵상하면서.

(2022. 10. 1.)

주님과 주놈

주님 함께 모시는 벗들이
가끔 술 같이 한다

모시는 주(主)님과 마시는 주(酒)놈의 차이는?
신성한 주님을 망령되게 주놈과 비교할 수 있나?

그러나
믿음 더하는 취흥 위해 나는 말한다

먼저
"주놈은 통상 우리들 눈 아래 있지만,
주님은 언제나 우리들 눈 위에 계시지 않는가?" 했더니

그렇긴 그렇군 하는 반응이다

그리고
"주놈은 대개 이것저것 여럿이지만,
주님은 오직 한 분이시지 않는가?" 했더니

그것도 역시 말 되네 하는 눈치다

또한
"주놈은 함께 하면 할수록 우리를 비틀거리게 만들지만,
주님은 함께 하면 할수록 비틀거리는 우리를
바른길로 인도하시지 않는가?"

그럼, 그렇고말고 아멘! 하는 분위기다

끝으로 나는 외치고 벗들은 답한다
내가 "주님은?" 하고 외치니
벗들은 "모시자!" 하고 답한다
내가 "주놈은?" 하고 외치니
벗들은 "마시자!" 하고 답한다

그러는 사이 주님 함께 모시는 벗들은 하나가 된다
적당한 취흥에 하나가 된다

(2025. 3. 29.)

꿈보다 해몽?

 어느 날 아내는 내 앞에서 한참을 울었다. 내 기억으로는 결혼 몇 개월 전 장인어른 돌아가셨을 때보다 더 울었던 것 같다. 아내는 평소에 잘 우는 사람이 아니었다. 잘 웃고 늘 밝게 얘기하는 그런 사람이었다. 그런데 늦은 저녁 자기 전에 이불을 깔고 앉아, 내 앞에서 눈물을 뚝뚝 흘렸다. 나로서는 정말 놀라지 않을 수 없는 일이었다.
 "무슨 일이야?" 내 질문에도 아내는 한동안 말이 없었다. 순간 무슨 큰일이 있구나 하는 생각이 들었다. 대체 무슨 일인가? 한참을 울던 아내는 잠시 후 내 손을 꼭 잡더니 "당신 일찍 죽는대. 오래 못 산대… 흐흐흑!" 영문을 모르던 나는 눈이 휘둥그래졌다. "무슨 소리야?" 하고 나는 다시 다그치듯 물었다. 내가 어디 아픈 것도 아니고, 큰 송사에 휘말린 것도 아니고, 누가 나를 협박하는 것도 아닌데 무슨 뚱딴지 같은 얘길 하나 싶었다. "도대체 무슨 얘기야?"

그날 오후 아내는 평소 친했던 지인과 우연히 아주 용하다는 역술인을 만나고 왔던 것이다. 그 역술인은 무슨 책을 잠시 뒤적거리더니 참 안됐다는 표정을 지으며 그렇게 사주풀이를 해 주더라는 것이다. 요점은 내 명(命)이 짧고, 자기보다 한참 일찍 죽는다는 것이었다. 아내에겐 그게 분명 큰 충격이었다. 용하다는 사람이니 더욱 그랬을 것이다.

아내는 놀라고 황당하고 불안했을 것이다. 일부 식구들 반대에도 불구하고 했던 결혼 아닌가? 형제 많고 가난한 집 청년과 마음먹고 결혼했는데 얼마 같이 살지도 못하고 자기보다 먼저, 그것도 일찍 사별을 한다니 참 기가 막힐 노릇이었을 것이다. 애들도 아직 한참 어린데 청상과부가 될 것이라니 날벼락 같은 소리가 아닐 수 없었다.

나는 나무라듯 말했다. "거긴 왜 갔어? 당신 그런 걸 믿어? 당신답지 않게." 실은 아내의 말에 나도 솔직히 좀 불길하다는 느낌이 들었다. 물론 화도 났다. 그렇지만 덧붙여 말했다. "그 사람 말이 맞겠네. 내 부모님 모두 단명하셨잖아? 할아버지, 할머니도 일찍 돌아가셨고. 그러니 당신이 나보다 오래 사는 건 당연하지. 또 그래야 하고."

실제로 내 할아버지는 일제 강점기에 징용 끌려가시다가

탈출하셨지만, 도중에 부상을 입으시고 그 길로 앓다 돌아가셨다고 들었다. 그때 할아버지 연세가 쉰 정도 되셨다고 했다. 할머니는 지병으로 할아버지보다도 먼저 돌아가셨다. 내 부모님도 모두 50대 중반에 뇌혈관 질환으로 갑자기 돌아가셨다. 그러니 직계 집안 어른들이 실제 대부분 단명하신 것이다. 나도 그런 가족력으로부터 자유롭지는 못할 것이라는 생각을 평소에 가끔 하곤 했다. 아내 말을 들었으니 나도 실은 불길했던 것이다. 올 게 왔구나 하는 생각마저 들었다. 마흔을 갓 넘은 당시의 나는 아주 건강했다. 그렇지만 역술인이 던진 그 결정적 한마디가 아내에게는 마치 예언처럼 느껴졌을 것이다. 그 말을 들은 나도 실제 그렇게 될 수도 있겠다는 하나의 예고처럼 느껴졌으니. 그래서 불쾌했고 동시에 불안했다.

그러나 나는 아내를 위로하려고 태연한 척하며 말했다. "내가 먼저 죽는 건 당연히 맞는 말이겠지. 당신은 오래 살어!" 그 말에 아내의 울음소리는 더 커져 버렸다. "안 돼! 안 돼!" 하면서. 나는 아내를 꼭 껴안으며 "너무 걱정하지 마. 나도 오래 살 거야. 그 사람 말 틀렸다는 걸 내가 보여 줄게. 내가 당신보다 오히려 하루 더 살고 죽을 거야. 당신이 나보다 하루 먼저 태어났으니까." 그제서야 아내는 눈물을 그치고 빙그레 웃었다. 그리고 다시는 그런 데 안 간다고 약속했다.

그 뒤 다소 안정을 찾은 듯한 아내는 이번에는 웃으며 말했다. 그 역술인이 다른 말도 했다는 것이다. 그건 좋은 얘기라는 것이다. 물론 내가 듣기에도 기분 좋은 얘기였다. 아들의 운세는 너무 좋다는 것이었다. 자기는 그동안 그렇게 좋은 운세를 본 적이 없다고 말하면서. 아들에게 이른바 '천복성(天福星)'이 셋이나 있다는 것이었다. 보통 사람은 하나 갖기도 어려운 천복성이 아들에게는 셋이나 있어서 나중에 크게 될 운이라는 것이었다. 그런데 그건 아들 나이가 40대가 되어서라는 것이었다. 아들 운이 좋다는 말은 싫지 않았다. 애써 부정하고 싶지도 않았다. "그럼, 그렇고말고. 우리 애는 나중에 크게 될 거야."

실제 아들은 내가 보기에도 참 영특했다. 어릴 때부터 머리 회전이 빠르고, 여덟 살이나 차이 나는 누나에게도 늘 지지 않으려고 하는 아이였다. 보통 자기 아이를 천재인 줄 아는 부모가 많다고 하지만, 실제 나도 내 아들이 분명 천재인 줄 알았다. '천복성'이 셋이라고 하니 나도 맞장구를 치듯 당연한 것으로 여겨졌다. 누구 아인데 하면서.

그런데 그로부터 10여 년이 지난 뒤 아내가 먼저 이 세상을 떠났다. 전혀 뜻밖의 상황에서 환갑도 안 된 아내가 불의의 사고로 나보다 먼저 하늘나라로 갔다. 그 역술인의 말이 틀린 것이다. 속으로 웃기는 놈이라고 생각했다. 사기꾼이라고 생각했다. 한동안 그렇게 생각했다. 그러다가 어느 날 나는 문득 그 역술인의 말이 맞을 수도 있겠다는 생각이 들었다.

 늘 맑고 밝고 착하게 살았던 선녀 같은 아내가 아니었던가? 독실한 가톨릭 신자로서 평소 주변 사람들을 많이 도우면서 참 잘 살았던 아내가 아니었던가? 장례식장에는 무려 스물네 분의 신부님이 오셔서 아내의 하늘길을 열어 주셨다. 아내 같은 사람이 영생(永生)을 누리지 않는다면 누가 영생을 누리겠는가. 내게 선녀 같았던 아내는 이 세상을 떠난 것이지, 죽은 것이 아니다. 그녀는 하늘나라로 가서 영생을 누리고 있으니 정말 잘 살고 있고, 또 오래오래 그렇게 살 것이다. 아내의 마음을 훔쳤던 나 같은 도둑놈은 연옥에라도 갈 수 있을까? 하늘나라에서는 아내가 나보다 더 오랜 장수, 즉 영생을 누릴 것임이 분명하다고 생각했다. 여기를 떠났을 뿐 아내는 저기에 있다.

 그 연장선상에서 아들에 대한 역술인의 예언도 아마 틀리지 않을 것이라 믿어 본다. 나는 아들의 천복성 세 개는 그의 여복(女福)이라고 종종 농담처럼 말하곤 했다. 아들이 태어날 때부터 장모님은 우리와 같이 사시면서 아들을 정성껏 돌봐 주셨다. 맞벌이 부부였던 우리를 대신해 외할머니가 늘 키우고 챙겨 주셨으니 외할머니가 그의 첫 번째 천복이고, 아내가 자신의 총명함뿐만 아니라 많은 걸 아들에게 물려주고 갔으니 엄마가 그의 두 번째 천복이며, 아마도 그가 곧 만나게 될 그의 반려자가 아들에게는 더없이 큰 힘이 될 것이기에 그의 아내가 세 번째 천복이 될 것이라 믿는다.

　지금 30대 중반인 아들은 머잖아 40대가 될 것이다. 그동안 아들은 벤처기업 창업에도 참여해 봤고, 금융회사에서도 일했고, 최근 몇 년간은 뭔가를 보여 주겠다며 해외로 나가 직접 작은 회사를 운영해 보기도 했다. 코로나 이후 어렵사리 버티다가 내가 크게 아프다니까 모든 걸 접고 얼마 전 귀국했다. 지금은 자기 나름의 꿈을 꾸며 새로운 미래를 모색하고 있다. 40대에 대박? 그런 상황에서 아내가 전한 역술인의 아들 예언(?)이 맞기를 나도 은근히 바라고 있는 것 같다. 아니, 그보다는 그가 그냥 늘 행복했으면 좋겠다. 소확행이라도. 하늘나라의 아내가 미소 지으며 지켜볼 수 있는 그런 소확행 말이다.

(2025. 6. 25.)

꿈보다 해몽?

어느 날 아내가 울며 말했다
용하다는 점쟁이가 나 일찍 죽는다고
내가 오래 못 산다고
청상과부 될까 서러워
아내는 마냥 울었다

그런데 아내가 먼저 이 세상 떠났다
환갑도 되기 전에
오히려
내가 홀아비 됐다

근데 어느 날
점쟁이 말이 맞다 싶었다

착하고 맑고 밝게 살았던 아내 아니던가
언제나 남 도우며 잘 살았던 아내 아니던가
장례 때 스물네 분의 신부님 오셔서
하늘길 열어 준 아내 아니던가

분명
아내는 하늘에서 영생(永生) 누리며
잘 살고 있을 것이다
오래오래 그렇게 살 것이다
하느님 곁에서

여기를 떠났을 뿐
아내는 저기에 분명 살아 있을 것이다
(아내 마음 훔친 나는 도둑놈
연옥에나 갈 수 있을까?)

(2025. 6. 26.)

사랑하는 당신에게
- 선종 10주기 생일을 앞두고

10년 전 말없이 병상에 누워 있던 당신 생일날, 나는 당신에게 시(詩) 하나를 써 바쳤었지. 그건 간절한 마음으로 당신의 회복을 애원하는 글이었어. 그러나, 머리를 다쳐 병상에서 80일을 어렵사리 버티던 당신은 끝내 말없이 하늘나라로 갔어. 당신을 떠나보내는 장례식장에는 스물 네 분이나 되는 신부님이 오셔서 함께 미사를 집전해 주셨지. 그만큼 당신에 대한 하느님의 사랑을 확인하는 자리이기도 했었어. 가족 대표로 인사말을 한 나는 감사와 함께, 그런 당신이 부럽다는 말까지 덧붙였었지. 비록 환갑도 안 된 나이에 세상을 떠났지만, 당신은 내가 부러워할 만큼 잘 살다 갔기 때문이야.

그로부터 벌써 10년의 세월이 흘렀네. 곧 당신 생일날도 다가오고, 이어 기일도 다가오네. 7월 24일이 당신 생일이잖아. 내 생일은 그다음 날이지. 결혼 전엔 내가 음력 생일 지냈었는데 결혼 뒤엔 양력으로 바꿨지. 당신과 같이 생일 지내려고. 그런데 당신 오빠 아들과 언니 아들인 처갓집 조카 둘의 생일도 당신 생일과 같았었지. 결국 셋의 생일이 7월 24일이고, 내 생일이 혼자 25일이었어. 그러다 보니, 아예 24일 저녁에 처갓집 식구들 모두 모여 합동 생일 파티를 크게 벌이곤 했지. 늘 그 잔치는 내 생일의 전야제처럼 여겨졌었어. 떠들썩하게 축하하며 해마다 즐기던 그 생일 파티가 당신이 병상에 누운 이후론 추억이 되어 버렸어. 그때가 2015년이었으니 그때부터 지금껏 10년은 당신 없는 조용한 생일이 됐네. 그 뒤 내 생일은 처갓집 식구들이 아닌 아들, 딸 가족과 함께 하는 나만의 생일이 되었어. 그리고 그날은 먼저 하늘나라로 간 당신 생일을 추념하는 기도의 시간이 되기도 했어.

당신과 사귀면서 나는 늘 당신과 하나가 되고자 몇 가지 공통점을 자주 강조하곤 했었지.

첫째가 바로 생일이었어. 당신과 나는 동갑내기인 데다 생일이 하루 차이. 그것도 만 하루가 안 되는 열세 시간 차이라서 거의 같은 날 태어난 거나 마찬가지였어. 그게 바로 '정동갑'(正同甲)이란 것이잖아. 남녀 간에 정동갑이면 궁합도 안 볼 만큼 좋은 거라고 내가 썰을 풀기도 했었지. 그리고 나는 당신을 '연상(年上)의 여인'이 아닌 '시상(時上)의 여인'이라 불렀어. 당신은 나보다 몇 시간 앞서 태어난 여인이었기에.

둘째는 전공이 같다는 거였어. 같은 해 대학을 입학한 우리는 서로 학교는 달랐지만 전공(신문방송학)은 같았지. 학교가 다른데도 같은 전공인 둘이 만나게 된 것은, 같은 전공 서클에서 함께 활동했기에 가능했지. 대학 1학년 때 내가 친한 친구와 함께 만든 서클에 당신 학교 여학생들이 많이 가입했고 거기서 우린 서로 알게 되었지. 출발은 분명히 순수한(?) 스터디 목적이었어. 그런데 결과는 수년 뒤에 둘의 결혼으로 맺어졌지. 전공이 같다 보니 공통된 관심사나 대화거리도 많았지. 나이도 같고 전공도 같으니 늘 친구처럼 지낼 수 있었어. 나는 전공 공부를 계속했고, 당신은 대학 도서관에서 일하게 되어 당신은 나의 전공 공부에, 그리고 나중에는 연구와 강의에도 많은 도움을 주었었지. 당신은 나의 친구인 동시에 늘 나의 지적 조력자이기도 했었어.

셋째는 둘 다 '안경잡이'라고 말하곤 했지. 주변에 안경 쓴 사람이 많았지만 1970년대 중반에는 사귀는 남녀가 같이 안경을 쓰고 다니는 경우는 그리 흔치 않았었어. 여성들은 책을 읽거나 공부할 때 쓰더라도 나다닐 땐 대부분 안경 벗고 다녔지. 당신도, 나도 시력이 많이 안 좋아서 우리는 늘 안경을 쓰고 다녔어. 안경 쓰는 것까지 서로 같다면서 나는 애써 우리의 공통점을 강조했었지. 어떻게든 당신을 붙잡아 두려고 하는 수작이었어. 당신을 놓치고 싶지 않아서였지.

당신은 분명 내 인생의 가장 큰 선물이었어. 적어도 내 눈엔 이쁘고 지혜로운 여자였어. 당신은 목소리도 구슬 구르듯 참 맑고 깨끗한 사람이었어. 늘 환하게 웃는 얼굴이었지. 당신이 함께 있는 곳은 언제나 밝고 유쾌한 분위기였어. 당신은 내가 원했던 바로 그런 사람이었어.

돌이켜 생각하니 내게는 당신이 정말 선녀 같은 여자이기도 했어. 당시 가난하고 형제 많은 집의 맏이였던 나는 분명 나무꾼 같은 존재였다고 생각해. 나는 당신의 마음을 훔쳤고, 당신은 결국 내게로 와서 아내가 되었어. 별 같은 아들 낳고 달 같은 딸도 낳아 열심히 행복하게 잘 살았지. 참, 살면서 당신은 가난을 탓한 적도 없었고, 당신 덕에 우리 집 살림도 조금씩 나아졌었지. 가진 것 별로 없을 때도 당신과 함께라면 마음은 늘 부자였어. 집에서만 그런 것이 아니었지. 당신은 학교에서도, 교회에서도 늘 도움을 주는 따뜻한 사람이었어.

당신이 세상을 떠날 때에는 많은 친구들과 지인들이 왔었지. 그들은 당신과의 이별을 너무도 안타까워하며 애도했었어. 장례미사 때 많은 신부님들이 함께 하신 것도 그냥 우연이 아니었어. 당신이 주고 간 마음, 당신이 보여 준 믿음, 그리고 당신이 일일이 챙겨 봉사한 일들과 무관하지 않았다고 봐. 범사에 기뻐하고 감사하며 늘 기도하던 당신은 내게는 분명 선녀였고, 많은 이에게는 이 땅의 천사였다고 생각해.

당신은 정년을 바로 눈앞에 두고 하늘나라로 돌아갔지. 열심히 일하고 이제 좀 쉴 만하다 싶었는데 우리 곁을 떠났어. 당신을 잘 아시는 선생님 한 분이 말씀하셨어. "아마 하느님 비서실장으로 갔을 거야"라고. 내게는 정말 선녀 같았던 당신의 귀천(歸天). 때가 되어 하느님이 전보 발령을 냈다는 거야. 그래, 하늘나라에서도 당신은 여전히 바쁠 거라는 거야. 도우미가 필요한 하느님이 당신 같은 사람을 어디 그냥 내버려 두겠어? 아무리 바쁘더라도 내 꿈속에 잠시라도 좀 들러 줘. 보고 싶어. 정말 보고 싶어.

(2025. 6. 4.)

연세대 빌링슬리관 앞에서 아내와 함께

사랑하는 당신에게
– 병상 아내의 생일에 바치는 헌시

여보,
생일 축하하오
아이들과 함께 생일 축하하오
당신, 육십이 되는 생일을 이렇게
축하할 줄 꿈엔들 알았으랴
가장 조용하지만 가장 뜨겁게
사랑하는 당신 생일을 축하하오

언제나 당신은 내게 꽃이었고 내게 별이었소
당신은 내게 세상에서 가장 예쁜 꽃이었고
당신은 내게 세상에서 가장 맑고 밝은 별이었소

당신과 함께 하는 곳이
살맛 나는 내 삶의 화원이었고
당신과 함께 지내는 밤이
내 꿈의 별빛 가득한 놀이터였소

당신 없는 화원을 생각한 적이 없고
당신 없는 별밤을 상상한 적이 없소

오늘 조용히 누워 있는 당신
꽃의 향기는 안으로 젖고
별의 빛은 속으로 빛나니
병상에 누워 있는 당신을 바라보는 나는
슬프고 초라한 시인이 되오

여보, 이제는 긴 잠에서 깨어
꽃망울 터지는 듯한 눈부신 웃음 다시 보여주오
여보, 다시 일어나 별이 구르는 듯한
당신의 그 해맑은 목소리 다시 들려주오

여기 당신 닮은 꽃 딸이 같이 있소
여기 당신의 귀한 별 아들이 같이 있소
함께 기도하니 빨리 깨어 일어나오

주님 자비를 베푸소서
그리스도님 자비를 베푸소서
오로지 기도에 의탁하오니
이 여인을 통해 당신의 크신 영광을 드러내소서
이 여인이 나던 그날처럼
세상에 다시 눈뜨게 하소서 아멘

(2015. 7. 24.)

사별(死別)

평소 "고모"라 부르던 먼 친척 한 분이 돌아가셨다는 연락을 받았다. 그 소식에 순간 놀랐다. 상당히 건강하셨다고 생각했던 분인데 갑자기 돌아가셨기 때문이다. 아차! 하는 생각도 들었다. 안 그래도 최근 들어서야 한 번쯤 찾아가 뵈려고 했던 분인데, 살아생전에는 이제 뵐 수가 없게 되었기 때문이다. 돌아가시고 나서야 문상이나 가다니 후회막급이 아닐 수 없었다. 참 송구스럽다. '정말 죄송합니다. 정애 고모님!'

그런데 나는 그분을 50년 동안 제대로 뵌 적이 없었다. 내가 고등학교 시절, 아버지와 함께 명절 때 한두 번 찾아뵈었던 기억밖에는 없다. 당시 고모는 답십리 쪽 어느 동네에 사셨던 것 같다. 아버지는 정애 고모의 남편, 즉 고모부 되시는 분과 아주 친했던 것 같다. 평소에 "형님"이라 부르며 고달픈 서울 생활 중에 많이 의지하셨던 분이었던 것 같다. 두 분이 실제 어느 정도로 가까웠는지는 잘 몰랐지만.

오래도록 까마득히 잊고 지냈는데 몇 년 전부터 정애 고모한테서 전화가 왔다. 그 뒤로는 전화를 자주 하시는 편이었다. "나다. 그래 잘 있었나? 동생들은?" 전화하실 때마다 질문은 거의 같았다. 나와 동생들 안부를 묻는 게 전화의 시작이었고, 이어서 나의 아버지 말씀으로 이어지곤 했다. "아이고, 너거 아부지, 내가 젤 좋아하던 오빤데…" "니 날 때 우리 어머이가 핏댕이 같은 니가 제대로 사람이나 될까 걱정 마이 했는데…" 경상도 사투리가 섞인 어투로 내 아버지에 대한 그리움과 내 출생 때 들었던 일화를 간간히 말씀하시곤 했다. 아버지가 한창 나이인 쉰 중반에 일찍 돌아가셨고, 1950년대 중반 나를 임신 중이시던 어머니가 큰 병환으로 수술을 할 수밖에 없는 급한 상황에서 달도 안 찬 나를 제왕절개로 낳았기 때문이었다, 몸이 제대로 여물지 않은 채 핏덩이 같은 미숙아로 태어났으니 당시 주변에서는 걱정들이 많았다고 했다. 수술한 산모도, 세상에 나온 아이도 생사를 가늠하기 어려운 그런 상황이었다는 것이다. 그때 정애 고모가 병원에 있었던 것은 아니었지만, 당시 어른들한테서 전해 들었던 당신의 기억을 전화로나마 내게 습관처럼 말해주곤 했다. "아이고, 그때 니가 제대로 사람이나 될까 걱정

마이 했는데… 그래, 건강하제?" 지금 환갑을 한참 넘은 나에게 전화할 때마다 늘 마음속에 있던 옛 걱정을 늘어놓으시곤 했다.

아흔이 다 되셨는데도 최근까지 목소리는 정정했다. 그러니 그분이 돌아가시리라고는 전혀 예상치를 못했다. 일산에 사신다고 했으니 이제는 나도 정년 퇴임을 했고, 여유도 좀 생겼으니, 과일이나 건강식품이라도 하나 사 들고 인사 드리러 한번 가야지 하고 생각 중이었다. 특히 얼마 전에 그분 전화가 왔을 때에는 그런 다짐을 좀 더 굳게 하던 차였다. 그런데 갑자기 돌아가셨다니, 이럴 수가!

그전에 가끔씩 전화가 올 때에는 솔직히 좀 귀찮다는 생각도 했었다. 나로서는 어릴 때 몇 번 뵀던 것 말고는 그분과 별다른 추억도 기억도 없는 사이였기 때문이다. 만나서 특별히 할 얘기도 없다는 생각까지 들었다. 실제 그분은 나의 친고모도 아니고, 같은 집안도 아니었다. 성도 다른데 그렇다고 외가도 아니었다. 그분의 어머님이 아마도 우리 집안의 먼 친척쯤 되었을 것이라고 짐작해 보는 정도였다. 다만 시골 고향에서 지리적으로 비교적 가까운 데 사셨던 분이었다. 그분의 아버님이 우리 동네 동장님이셨던 기억은 있다. 그 가족이 동사무소 안집에 살았던 기억은 가물가물하지만, 그 고모에 대한 나의 어릴 때 기억은 전혀 없다. 그런데 그분은 전화를 할 때마다 내 아버지에 대한 거의 존경에 가까운 그리움, 우리 집안에 관한 이모저모, 그리고 나를 비롯한 우리 5형제에 대한 나름의 기억을 갖고 계신 것이 분명했다.

내가 최근 그분을 찾아뵙고 싶었던 까닭은, 만시지탄이긴 하지만 전화를 그렇게 자주 주셨는데 이제는 아랫사람으로서 도리는 좀 해야지 하는 생각도 물론 있었다. 그리고 다른 이유도 있었다. 그분에게서 좀 더 자세한 우리 집안 이야기나 그분이 기억하는 나의 어린 시절 이야기도 듣고 싶다는 생각이 있었기 때문이었다. 그간 자주 하던 전화 통화로는 겉도는 안부 얘기만 하다 말았고, 또 더 자세한 얘기는 그렇게 묻고 싶지도 않았었다. 그땐 내가 대개 바빴고 늘 뻔한 말씀을 일방적으로 하시는 것 같아서 서둘러 전화를 끊고 싶었던 것이 내 솔직한 심정이기도 했다.

그렇지만 주변의 많은 일가친지들이 이미 돌아가셨고 내 주변에는 이제 나의 가족과 나의 과거에 대한 추억담을 얘기해 줄 분들이 별로 없다고 생각하니, 정애 고모 같은 분의 얘기라도 좀 들었으면 좋겠다는 생각이 문득 들었다.

생각은 거기서 그치지 않았다. 아직 살아 계신, 좀 더 가까운 집안 어른들도 챙겨서 찾아가 봬야겠다는 생각도 들었다. 고향에는 아직 삼촌 한 분이 계시고, 늘 "아제"라 부르던 당숙과 늘 "고모"라고 부르던 당고모도 계시지 않은가? 시골 외갓집에는 외삼촌 다섯 분 중에서 다 돌아가시고 막내 외삼촌 한 분은 그래도 계시지 않은가? 늘 명절 때마다 인사 가는 서울 가까운 동네의 이모도 계시지만, 역시 잠깐잠깐 인사만 드릴 뿐 추억 어린 집안 얘기를 오래 해 본 일도 실은 별로 없었다. 그분들 살아 계실 때 그분들이 기억하는 내 가족 얘기, 나와 우리 형제들에 대한 그분들 나름의 추억담을 이제는 경청해야겠다는 생각이 들었다. 더 늦기 전에. 물론 돌아가시기 전에.

생각은 거기서 멈추지 않았다. 뇌리를 스치는 더 중한 생각이 나의 발길을 잠시 멈추게 했다. 내 주변의 누군가가 죽는다는 것은 곧 내가 죽는 것과 다름 아니라는 생각이 문득 들었던 것이다.

나의 귀한 사람, 아내가 몇 년 전 먼저 불의의 사고로 세상을 떠났다. 아내만 이 세상을 떠난 게 아니라, 아내 속에 있던 나도 같이 세상을 떠난 것이 아닌가 하는 생각이 들기도 한다. 아내가 죽자 아내가 알고 있던 나, 아내가 기억하는 나의 모든 것도 결국 사라져 버렸다. 이제 더는 죽은 아내가 가족에 대해서, 나에 대해서 살아 있는 누구에게든 아무 말도 하지 않는다. 그녀와 함께 그녀 속에 있던 나도 세상을 떠난 것이다. 나의 일부도 따라 죽은 것이나 다름없는 셈이다.

나의 어머니와 아버지, 그분들이 돌아가시고 나니 내가 태어나 아장아장 걸음마를 할 때부터 나 스스로 기억하지 못하는 나의 어린 시절, 그분들의 기억과 추억 속에 있던 나도 결국 함께 사라져 버렸다. 그분들이 더는 누구에게도, 심지어 나에게도, 나에 대해, 그리고 나를 위해, 나의 얘기를 말씀하시지는 않는다. 그분들 속에 있던 나도 그분들의 죽음과 함께 죽고 어디론가 사라져 버렸다.

나의 사랑하는 사람들이 아파서 혹은 사고로 세상을 먼저 떠난 것이 얼마나 슬프고 안타까운 일인가? 그들이 이 세상에서 더 이상 나와 함께 하지 못한다는 것은 큰 슬픔이다. 더불어 그분들 뇌리 속에 있던 나에 대한 수많은 추억과 기억도 같이 사라지고, 그분들 가슴속에 있던 나에 대한 사랑과 연민까지도 함께 떠났다고 생각하니, 왜 그들의 죽음이 슬픈지, 그들의 죽음을 내가 슬퍼하는 이유가 무엇인지 조금은 더 알 것만 같다.

비록 먼 친척뻘이었지만 얼마 전 돌아가신 정애 고모 덕분에 가까웠던 가족과 지인들의 앞선 죽음을 다시 생각해 보게 되었다. 그분이 가시니 그분 속에 있는 나도 함께 갔다는 생각을 문득하게 되었다. 다시는 그분에게서 그분 기억 속에 있던 내 얘기를 더 이상 들을 수가 없게 된 것이다. 세상을 떠난 가족과 가까웠던 모든 지인들, 그들이 가니 그들 속에 있던 나도 세상을 떠난 것이다.

(2023. 3. 31.)

사별(死別)

그의 죽음은 단지
그가 나를 떠나는 것만이 아니다
그 속에 있던 나도 함께 떠나는 것이다
죽음은 그래서 아프고 슬픈 것이다
사랑하는 이의 죽음은
그래서 더 아프고 더 슬픈 것이다

친구의 죽음은 그가 세상을 떠난 것이지만
홀로 그만이 세상을 떠난 것이 아니다
그가 가진 나에 대한 추억과 우정도
그리고 나와의 약속도 함께 가지고 떠난 것이다
친구의 죽음은 그래서 아프고 허탈한 것이다

부모의 별세도 그분들이
그냥 세상을 떠나신 것이 아니다
나의 출생부터 가졌던 나에 대한 모든 기억
바로 나의 역사책도 갖고 떠나신 것이다
자식 아픈 데는 감추시고 싶은 마음
자식의 자랑스러운 데는 드러내고 싶은 마음까지도

그냥 갖고 떠나신 것이다
부모의 별세는 그래서
나의 가장 큰 망실(亡失)이며
가장 큰 아픔의 하나인 것이다

사랑하는 아내와의 사별이야 일러 무삼하리오
아내의 죽음은
잃어버린 나의 일기장이고
사라져 버린 나의 연애편지이며
이젠 되찾을 수 없는
나의 은밀한 고백록이 아니던가
아내의 죽음과 함께
아내가 간직했던 내 기억과 정담과 참회마저도
함께 떠나갔으니 말이다

그(들)의 죽음을 보며
그가 가니 그 속에 있던
나도 가는구나 하는 생각이 든다
그래서 그(들)의 죽음은 참 아프고
그(들)의 죽음은 나를 더더욱 슬프게 한다

(2023. 7. 10.)

나는 독립 만세

　나는 자식 덕 볼 생각을 해 본 적이 없었다. 적어도 얼마 전까지는 그러했다. 자식들에 대한 경제적 의존은 더더욱 그렇다. 딸인 큰애는 사위와 함께 조그만 회사를 운영하고 있으니 제 밥그릇은 나름 챙겨 먹는 편이다. 30대 초반인 아들은 외국에서 생활하고 있는데 아직 미래 준비생이다. (2025년 현재는 귀국했다.) 그래서 내가 조금씩은 도와주고 있다. 때가 되면 제 앞가림은 곧 하리라 생각한다.
　2년 전까지만 해도 대학에 재직하고 있던 나는 매달 꼬박꼬박 나오는 적지 않은 월급 덕에 흑자 인생을 누려 왔다. 정년 퇴임 후에는 사학연금공단이란 곳에서 물가인상분을 고려한 연금을 역시 다달이 보내 주니 그 또한 부족함이 없다.

다만 모시는 어른(장모) 간병비를 전적으로 부담하다 보니 생활이 좀 버거워졌다. 내 생활비와 아들 지원금까지 고려하면 이제는 수입보다 지출이 많아 수지로는 적자인 인생으로 접어든 상황이다.

그래도 그동안 살면서 곳간에 조금씩 채워 놓은 것들이 있어 당분간 사는 데는 별 지장이 없을 것 같았다. 보험도 일부 들어 놓은 게 있어서 그런지 노후 걱정은 크게 하지 않았다. 앞으로 얼마나 더 살지 모르겠지만 죽을 때까지 내 앞가림은 내가 하면서 살 것이라고 다짐하곤 했다. 죽어서도 갈 자리를 이미 장만해 놓았으니 자식에게 그런 부담을 주지 않아도 된다는 점에서도 그랬다. 거의 10년 전 불의의 사고로 세상을 떠난 아내 덕(?)에 부부 납골묘를 이미 마련해 놓았기 때문이다.

전후(戰後) 베이비붐 세대에 속한다는 우리 세대를 흔히 "끼인 세대"라고들 말한다. 그렇게 좋은 뜻은 아니다. 부모에게 효도한 마지막 세대이자, 자식에게 효도 받지 못하는 첫 세대라는 의미가 강하다. 결국 줄 것은 주고, 받을 것은 제대로 못 받는 세대라는 것이다. 그만큼 우리 세대 동년배들은 끼인 세대가 되어 좀 억울하기도 하고, 좀 불쌍하기도 한 세대이다.

그래도 나의 경우 부모에 대한 효도 때문에 부담이 된 적은 없었다. 부모님이 너무도 일찍 세상을 떠나셨기 때문이다. 효도가 아니라 조실부모했기 때문에 5형제의 맏이로서 좀 고생했을 뿐이다. 딸은 10여 년 전 결혼을 해서 아들 딸 낳아서 나름 잘 살고 있으니 별로 걱정할 게 없다. 다만 아들은 결혼을 하든 안 하든 제 사정에 따라 알아서 하겠지만, 혼전에 엄마가 세상 떠난 게 마음에 걸릴 뿐이다. 어쨌든 자식들에게 효도받을 생각은 추호도 없었다. 제 앞가림들만이라도 해 주면 그게 큰 효도이겠거니 생각할 뿐이었다.

　이런 사정과 생각 때문에 나이 들어 자식 덕 보겠다는 생각은 전혀 않고 살아가고 있었다. 그래선지 내가 평소에 자식에게 의존하고 있다거나, 자식이 내게 특별한 영향을 주고 있다는 생각은 별로 해 본 적도 없었다. (실은 공직에서 일해야 했기 때문에 시작된 것이었지만) 벌써 7년 이상 시내 오피스텔에서 독립적인 생활을 해 온 나로서는, 앞으로도 그런 생활을 계속할 것이라 여전히 생각하고 있었다. 내가 번 돈으로 (전)세도 살고, 장도 보고, 하루 세 끼 알아서 챙겨 먹고, 놀러도 다니고, 운동도 하고… 누군가는 '독거노인'이라고 할지 모르지만, 독립적인 노후 생활을 나름 즐기면서 살아나가고 있었다. 아내가 살아 있던 때에도 직장 때문에 부산에서 7년을 나 홀로 생활해 봤고, 20여 년 전 미국에 연구년 가서도 - 아내는 직장이 있어서 같이 못 가고 - 1년 동안 아들 딸 둘을 돌보며 보낸 나름의 저력이 있다. 내가 죽을 때까지 자식 도와줄 일은 있어도, 자식이 나를 도와줄 일은 별로 없을 것이라는 그런 자신감으로 살아가고 있었다.

　그런 탓으로 나는 여태껏 자식들 도움받고 산다고 생각해 본 적이 별로 없었다. 자식들이 내 삶의 어느 부분에 적극적으로 개입하거나 관여한 적도 거의 없었다고 생각해 왔다. 더군다나 자식들이 내 삶에 큰 영향을 미치는 존재라고 생각해 본 적도 별로 없었다. 나는 내가 알아서 사는 그런 사람이고, 자식과는 완전히 독립된 존재라고 여겨 왔던 것이다. 따라서 자식들 효도는 언감생심(焉敢生心), 내게 더 이상 폐나 끼치지 않는 그런 존재이기를 바랐던 것이다. 오히려 아빠로서 내가 뭐 더 해 줄 게 없나 하는 보호자 심리가 여전히 작동하고 있었다.

그러던 어느 날 체육공원 운동장을 걸으며 문득 내가 그렇게 자식들로부터 독립적인 존재인가 하는 의문이 들기 시작했다. 거의 한 달 전부터 내 몸에 대상포진 증세가 나타나 동네 병원에 들러 진료와 처방을 받고 약을 먹기 시작했는데 차도가 별로 없었다. 가슴과 등의 통증은 오히려 심해졌다. 급기야는 피부과와 마취통증의학과도 찾아갔지만 통증은 쉬 가라앉지 않았다. 심지어는 한의원에 가서 약침까지 맞았지만 별 효험을 느끼지 못했다. 가끔 성인병 때문에 종합병원에 정기적으로 다니지만 이처럼 짧은 기간에 여러 병원을 다녀 본 적은 없었다.

실은 얼마 전 대상포진 때문에 병원을 찾은 것도 그게 병원에 갔던 주된 목적은 아니었다. 소변에서 혈뇨 현상이 나타나 그 원인을 물어보려고 동네 병원을 찾았고, 그참에 대상포진 같은 증세도 있다고 의사에게 얘기했던 것인데, 오히려 그때부터 나를 괴롭힌 건 혈뇨가 아니라 대상포진이 심해지는 증상이었다. 혈뇨는 평소 먹던 다른 약의 부작용인가 싶어 복용을 멈췄더니 사라졌다. 대상포진은 약을 써도, 마사지와 찜질을 해도, 심지어 침과 주사까지 맞았는데도 나를 계속 괴롭혔다.

대상포진은 25년 전 공부와 일에 한창 치이던 초임 교수 시절 한 번 걸린 적이 있었지만 그때는 가볍게 넘어갔었다. 그래서 약 먹고 며칠 조심하면 낫겠지 했는데 그게 아니었다. 병 때문에 이렇게 오래 시달린 적이 없던 나로서는 별의별 생각이 다 들었다. 혹시 몸에 다른 이상이 있는 것은 아닌지, 죽을병은 아닌지… 아무튼 지금도 나는 투병 중이다.

게다가 두어 달 전부터 올 가을에 스페인 북부 산티아고 순례길을 간다고 여행사에 예약까지 해 놓고 여기저기 떠벌리고 다니던 차였다. 성한 몸으로도 어렵다는 산티아고 800km 걷기를 한답시고 틈틈이 걷기 운동도 하고, 동네 헬스에서 개인지도(PT)까지 받고 있었다. 정년 후에 계속하던 강의도 이번 학기를 마지막으로 끝내겠다고 마무리를 하던 참이었다. 나이 탓일까, 약을 잘못 먹은 탓일까, 아니면 천벌을 받고 있는 것일까. 병이 오래가니 별의별 생각이 들기 시작했다. 좀 쫄기 시작한 것이다.

염려 깃들인 생각들을 하며 그래도 약 먹고 통증이 별로 심하지 않을 때 운동복으로 갈아입고 늘 가던 동네 뒷동산에 있는 체육공원으로 향했다. 산티아고 행과 같은 장거리 걷기에 특별히 좋다기에 미리 사 놓았던 트래킹화도 챙겨 신고 갔다. 손목에는 까만 애플 워치를 차고, 귀에는 무선 청취가 가능한 하얀 에어팟을 끼고, 까만 운동모를 쓴 채 걷기 시작했다.

몇 바퀴를 돌았을까? 어느 순간 자식들이 내 인생의 뗄 수 없는 부분, 즉 내 삶의 일부라는 생각이 문득 들었다. 부자지간이라거나 부녀지간이라는 천륜의 인연 말고도 부지불식간에 자식들은 이미 나를 구성하는 일부로서 여기저기에 자리매김하고 있다는 생각이 든 것이다. 운동장을 도는 그 순간에도 내 손목에 차인 애플 워치는 몇 년 전 아들이 생일 선물로 특별히 신경 써서 사 준 것이었고, 귀에 꽂은 에어팟은 얼마 전 딸이 아빠 운전 중에 핸즈프리 하라고 사 준 것이었다. 일본 출장을 다녀오면서 아빠 메고 다니라고 유명 브랜드 크로스백을 하나 사 준 것도 딸이었다. 그리고 달포쯤 전인가 아이들은 자기들끼리 카톡을 하면서 곧 있을 아빠 생신 때는 산티아고 순례길 걷는 데 좋은 신발 하나 선물하기로 했다고 들은 바 있다. 보조 신발 하나쯤 더 갖고 가겠구나 하는 생각을 하면서 속으로 반겼다. 몇 년 전 내 환갑 때는 아들 딸 사위가 마음먹고 큰돈을 모아서 환갑 파티는 물론 엄청 비싼 골프채 한 세트를 선물해 주기도 했다. 그러고 보니 나이 먹은 아빠가 자식들 덕에 좀 더 세련돼 보이는 품격 있는 늙은이가 돼 있는 게 아닌가 싶었다.

실제 운동장을 걷거나 산책하는 사람들을 둘러보아도 나처럼 블루투스로 연결된 에어팟으로 노래를 들으며, 보행 거리나 건강 상태까지 체크해 주는 애플 워치를 차고 보란 듯이 걷는 노인은 별로 눈에 띄지 않았다. 어깨가 한껏 올라가는 기분이었다. 이미 아이들은 아빠가 시대에 뒤떨어질까 봐 젊은이들의 유행품인 디지털 기기들을 챙겨 주기도 하고, 좀 더 젊어 보이는 최신 크로스백도 메고 다니게끔 신경 써서 챙겨 줬다. 또한 먼 길 걷는 산티아고 행에서 아빠 힘들어할까 봐 방수도 되고 발목도 잡아 주고 공기도 잘 통하는 기능성 신발까지 챙겨 주려 했던 것이다. 아빠는 자식들로부터 완전 독립된 게 아니고 애플워치 팔목 줄과 크로스백 어깨 줄로 묶여지고, 귓속 에어팟으로 보이지 않게 그들과 무선 연결된 그런 존재라는 생각이 들 수밖에 없었다.

어디 그뿐인가. 나는 샐러드로 매일 아침 식사를 하는데, 샐러드를 만드는 스테인리스 스틸 그릇도, 실내에서 스트레칭을 할 때 까는 운동 매트는 물론 여러 운동 기구들도, 겨울에 잠잘 때 침대 위에 까는 전기장판과 홑이불도, 더운 여름이면 애용하던 선풍기도 모두 아들이 쓰다가 남겨 두고 간 것들인데 지금은 그걸 내가 쓰고 있다. 자주는 아니지만 아빠 밑반찬이라고 바리바리 싸서 시내 오피스텔로 돌아오던 아빠에게 마음 담아 챙겨 주던 딸이다. 아빠가 해야 될 외할머니(장모) 간병의 상당 부분까지도 감당하면서 아빠를 여러 모로 도와주고 있는 딸이기도 하다.

이런 자식들로부터 나는 정말 독립되어 있고, 앞으로도 정녕 독립될 수 있는가. 지금처럼 몸이 아프다 보니 그런 의문은 더욱 더 짙어지는 것 같다. 앞으로 더 늙고 병 들어도 "나는 독립 만세"라는 그런 자만 섞인 생각을 과연 계속하게 될까. 우선 빨리 아픈 몸부터 나아야겠다.

(2024. 6. 19.)

* 그 뒤 얼마 지나지 않아 나는 중증 암 환자 판정을 받았다. 자식들 도움 없이 살기 더욱 어려워졌다. 이제는 병으로부터의 독립 만세를 꿈꾸며 살고 있다.

나는 독립 만세

1.
난 외로운 독거노인 아냐
나 홀로 잘 살아갈 수 있어
집이 없나, 돈이 없나
하루 세 끼도 잘 챙겨 먹고말고
틈나면 산에도 가고, 운동도 하고
멀리 여행도 할 수 있어
자식 덕 안 보고 혼자서도 잘 살 수 있다니까
먼저 떠난 아내 땜에 다만 '자외'로울 뿐야
낮엔 자유롭되 밤엔 외로워
그래도 남은 열정 있어
나는 독립 만세
자식한테 기댈 생각 전혀 없어 추호도 없어

2.
딸은 시집갔고, 아들은 외국 갔어
먼저 떠난 착한 아내 분명 천당 갔을 거야
그래도 난 불쌍한 독거노인 아냐
나 홀로 독립해 당당히 살 수 있어

효도하고 효도 못 받는 "끼인 세대"라
좀 섭하긴 하지만
부모 공양 나름 했고 자식 부양 또한 했어
그래도 남은 힘은 아직 있고
곳간에도 먹을 것 걱정 없어
나는 독립 만세
자식 덕 안 보고도 나 홀로 살 수 있어

3.
자식 덕 안 보고도 잘 살 거라 했지마는
돌아보니 은연중 자식 덕에 젊은 아빠, 멋진 아빠
자식들이 아빠 챙겨 이리저리 마음씀을
어찌 그리 몰랐는가
나는 독립 만세
그래 어디 한번 해 보시게

4.
근데 이제 아파 보니 어떠한가
"나는 독립 만세"
어디 그런 소리 나오는가

(2024. 6. 28.)

Part 2

아파 보니
병상 자신에게 던지는 신앙 고백

―――――――

주님 뜻대로 하소서
내게 할 일이 있으면 다시 일으켜 세워 주시고
이젠 됐다 싶으시면 거두어 가소서

내가 바라는 기도

 언제부턴가 정확히 기억나지는 않지만 나는 매일 기도한다. 먼저 아침에 일어나서 씻고 기도부터 한다. 그리고 자기 전에도 기도하고 잔다. 천주교 신자인 나는 교회가 정한 기도문을 중심으로 기도한다. 내가 다니는 성당에서 오래전에 나누어 준 '가족이 함께 하는 일상 기도문'이라는 소책자가 있어서 거기 나오는 아침기도와 저녁기도 기도문을 중심으로 기도한다.

 그 기도를 바친 다음에는 반드시 돌아가신 분들과 살아 있는 이들을 위한 기도도 한다. 여유가 있을 때는 한 분 한 분 떠올리며 기도한다. 바쁠 때는 뭉뚱그려서 기도하기도 한다. 물론 나 자신을 위한 기도도 한다. 죄의 용서를 빌고 주님 보시기에 좋은 하루 되게 해달라고 기도한다.

특히 천주교 신자들은 밥을 먹을 때마다 먼저 성호를 긋고 기도한다. 식사 전에도 기도하고, 식사 후에도 기도한다. 신자들끼리 모인 자리에서는 대부분 식사 기도를 하는 편이다. 신자가 아닌 사람들이 있을 때에는 기도하는 사람도 있고, 그렇지 않은 사람도 있다. 미사 때 본당 신부님들은 다른 이들 앞에서 기도 안 하는 천주교 신자들이 많다고 야단치기도 한다. 식사 전 기도는 하는데, 식사 후 기도는 잘 안 한다고 나무라는 경우도 있다. 나도 야단을 맞는 편에 속한다. 남의 눈치를 보며 기도하는 편이다. 그만큼 나의 기도도 아직 단단하지 않다.

천주교에는 기도문의 종류도 참 많다. 주님의 기도와 성모송, 영광송, 사도신경, 삼종기도, 부활삼종기도, 구원을 비는 기도, 반성기도, 십계명, 고백기도, 통회기도, 삼덕송, 봉헌기도 등 스무 개가 넘는 주요 기도가 있고, 묵주기도, 성월기도, 호칭기도, 고해성사, 십자가의 길, 위령기도(연도), 성수기도, 하느님의 자비를 구하는 기도, 예수 성심께 바치는 기도, 성모 성심께 바치는 기도는 물론, 교황과 주교를 위한 기도, 사제들을 위한 기도, 수도자들을 위한 기도, 성서 사도직을 위한 기도, 평신도 사도직을 위한 기도, 비신자들을 위한 기도, (혼인, 부부, 자녀, 부모, 가정을 위한) 여러 가정 기도, 세상을 떠난 부모를 위한 기도, 세상을 떠난 형제·친척·

친구·은인을 위한 기도, 성소를 위한 기도, 복음화를 위한 기도, 성전 건립 기도, 그리스도교 일치를 위한 기도, 군인을 위한 기도, 농민을 위한 기도, 병자를 위한 기도, 선종을 위한 기도, 생명을 위한 기도… 그밖에도 새해를 맞이하며 바치는 기도, 가뭄과 장마 때에 바치는 기도, 민족의 화해와 일치를 위한 기도, 대중 매체 선용을 위한 기도까지도 있다. 그 외 교회의 각종 축일이나 주요 행사 등에 맞춘 기도 등 헤아리기 힘들 만큼 많은 기도문이 있다. 어떤 것은 외워서 기도하기도 하지만, 기도문을 보고서 기도하는 경우가 훨씬 많다.

나 같은 사람이 보기에는 신심이 깊고, 신자 생활을 비교적 오래 한 교인일수록 보다 많은 기도문을, 보다 정확히 암송하는 것 같다. 스스로 외우려는 노력도 중요하지만, 습관적으로 하는 기도이다 보니 자주 할수록 자연스럽게 외워지는 것이라고도 할 수 있다. 주요 기도문들은 미사나 각종 모임을 통해 반복적으로 함께 합송하는 경우가 많다. 특히 우리나라 천주교 본당의 경우 신앙심이 깊은 여성 신자들의 참여가 압도적이어서 미사 때마다 여성 교인들의 당차게 합치된 기도 화음이 두드러짐을 자주 느끼곤 한다.

나의 경우는 세례 받은 지 40년이 다 돼 가지만 정확히 암송하는 기도문이 그렇게 많지가 않다. 통상적인 미사나 간단한 신자들 모임 때 올리는 주요 기도문들은 대부분 외우는 편이지만, 정확히 외우는 기도문은 열 손가락을 넘지 못

한다. 나머지는 대부분 기도문을 찾아보고서 기도한다. 본당 사목회장까지 한 사람으로서 참으로 부끄러운 일이다.

외우는 기도문이 많지는 않지만 그래도 나는 매일 기도한다. 오래 전부터 아침기도와 저녁기도는 늘 해 왔고, 식사 때 기도도 대부분 하는 편이다. 아직도 식사 후 기도는 자주 놓친다. 중요한 일이 있을 때는 묵주기도도 종종 바친다. 아내가 중환자실 침상에 누워 있을 때 50일간 묵주기도를 바치기도 했다. 정말 기도로 애원했다. 지금은 내가 병중에 있어 저녁 기도와 함께 매일 묵주기도를 바치고 있다. 치유의 은사를 소원하며 절실한 마음으로 기도한다.

요즘 아침에는 아침기도, 저녁에는 저녁기도와 묵주기도를 바치면서 기도 그 자체에 대해서도 생각하게 된다. 기도하며 기도를 생각한다. 정말 나는 기도를 기도답게 하고 있는가? 내가 하는 기도가 하느님이나 성모님께 조금이라도 가 닿기나 하는 것일까? 기도할 때마다 습관적으로 기도문만 중얼거리고 있는 나를 발견하는 경우도 있다. 기도 중에 전혀 딴 생각을 하는 경우도 드물지 않다. 분심이 자주 생기는 것이다. 심지어 어떤 때는 졸기도 하고, 어떤 때는 기도문이 헷갈리기도 한다. 아침기도는 정확히 외우는데, 저녁기도는 아직도 기도문을 봐야 한다. 잘 외워지지가 않는다. 묵주기도를 할 때도 가장 빈번히 하는 성모송을 바칠 때 제대로 묵상하지 못하고 반복적으로 중얼거리기만 하고 있는 나를 발견하곤 한다. 그럴 때마다 '이건 아닌데' 하는 자성을 하게 된다.

 기도할 때는 어떻게 해야 하나? 그런 궁금증 때문에 올바른 기도법에 대한 책도 읽어 보고, 교육을 받아 보기도 했다. 기도란 무엇이고 기도할 때의 마음가짐과 기도하는 자세 등에 대해서도 배우긴 배웠다. 잠시 그에 따르는 듯하다가도 다시 평소의 잘못된 습관으로 돌아오곤 했다. 바라고 기대하는 대로 잘 되지 않았다.

 돌이켜 보면 내가 그동안 해 온 기도의 대부분은 하느님, 그리스도님, 주님을 불러 놓고 일방적으로 뭔가 요구하는 기도였다. 잘못은 용서해 주시고, 바라는 바는 이루게 해달라는 기복(祈福) 신앙에 기초한 일방적 요구였다. 나의 기도는 고개를 약간 숙인 채 사죄와 강복(降福) 청구서를 내미는 그런 행위에 다름 아니었다. 물론 그렇게라도 기도하면, 님께서 낙제점을 주지는 않을 거라는 어설픈 기대는 있는 듯했다. 그러나 그건 아니다 싶은 게 솔직한 심정이다. 그래서 올바른 기도에 대해 나 나름대로 다시 생각해 보기로 했다.

 기도는 하느님, 그리스도님, 주님을 만나는 것이다. 나만의 나 홀로 독백이 아닌 님과의 만남이고 님과 소통하는 것이다. 공경하는 님을 사랑하는 마음으로 초청하여 생각과 말과 행위로 대화하고 소통하는 것이다. 진리, 즉 참된 이치의 중심이신 님과의 진정한 소통을 위해서는 먼저 참되고 솔직해야 한다. 솔직하게 참 마음의 문을 열고 님을 영접해야 한다. 그래야 님과의 대화가 가능해진다. 기도는 님과 만나 대화하는 것이다. 그런 대화라야 님은 기도하는 자를 어여삐 여기시고 긍휼히 여겨 자비를 베풀 것이다. 그런 대화적 기도라야 님과의 진정한 사랑도 가능할 것이다. 기도에서 나와 님의 관계는 수직적이고 일방적인 관계가 아니라, 기도를 통해 내가 먼저 님을 모셔와 이루어지는, 보다 수평적이고 대화적인 관계여야 한다. 그렇게 만들어 가는 사랑의 과정이라고 생각하면 기도가 더 따뜻하게 여겨질 것이다.

그래야 하느님께, 그리스도께, 주님께 쉽게 안기고 님과 일치를 이루면서 님을 더욱 깊이 이해하고 닮아 갈 수 있을 것 같다. 어떤 기도를 하든, 그런 마음으로 기도를 이해하고 또 그런 생각으로 기도 생활을 실천하고 싶다. 아프니까 더 그런 생각이 든다.

(2024. 10. 12.)

내가 바라는 기도

나의 하루는 기도로 시작해서
기도로 끝난다

하루를 열 때도
하루를 마감할 때도 나는 기도한다
산 자를 위해서도 기도하고
죽은 자를 위해서도 기도한다
물론 나를 위해서도 기도한다
습관이 되어 나는 매일 기도한다

잘못이 있는 날도
잘못이 생각나지 않는 날도 나는 기도한다
늘 죄를 많이 지었다고 기도한다
그리고는 자비를 구하고 평화를 바란다

버릇 된 그런 기도 속에서
그래도 늘
참된 기도가 무엇인지 궁금하다

열린 마음으로 하느님을 영접하는 것
그리스도와의 일치를
애써 꿈꾸고 바라는 것
내 참된 소리로 고해하고
주님의 복된 소리에 귀 기울이는 것
그러면서 포근히 님께 안길 수 있는 것

그런 기도가 되었으면 참 좋겠다

(2024. 10. 9.)

아파 보니

2024년 갑진년 한 해 시작부터 건강에 비상이 걸렸다. 설 연휴가 끝난 2월 중순에 아들이 머무르고 있는 방콕행 비행기를 탔다. 겨울이면 자주 그곳에 머무는 성당의 가까운 지인과 며칠 골프를 같이 하기로 오래전에 약속했었고, 이참에 가서 아들도 잠시 만나기로 했다. 떠나기 며칠 전부터 허리가 몹시 불편한 상태였지만 예약된 비행기에 몸을 실었다.

준비해 간 크고 작은 복대를 차고 운동을 했다. 운동 후에는 마사지 샵에 가서 매일 전신 마사지를 받았다. 그러고 나면 많이 개운해졌다. 매일 그런 식으로 운동과 마사지를 반복하며 닷새 이상을 보냈다. 그사이 아들도 만났고 아들 친구가 매니저로 일하는 골프장에서 운동을 하기도 했다. 아들은 틈새 시간을 이용해 만났고, 하룻밤 숙박을 같이 하기도 했다.

문제는 그 후의 내 건강 상태였다. 아무래도 무리를 하며 운동을 계속했기에 몸이 성할 리가 없었다. 특히 허리가 안 좋았다. 평소에도 자주 허리 때문에 고생을 하던 나로서는 해외 골프로 인한 후유증이 오래갔다. 귀국한 바로 다음날부터 잘 아는 정형외과에 가서 주사도 맞고 물리치료도 받았다. 그러나 잠시 회복되는 듯하다가 다시 불편해지곤 했다. 오른쪽 허리 통증은 계속되었다.

평소에 안 하던 PT(퍼스널 트레이닝)까지 받으며 운동을 했는데도 허리의 불편감은 쉽게 해소되지 않았다. PT를 받을 때 전문 트레이너가 해 주던 마사지는 마치 태국 마사지처럼 일시적 효험이 있었으나 근본적인 치료가 되진 못했다. PT를 받은 건 허리 근육 강화를 위한 치료 목적도 있었지만, 9월 말로 계획하고 있던 산티아고 순례길 걷기를 위한 목적도 있었다. 그래서 두 달 정도 PT를 받으며 체력 강화를 위한 준비 운동에도 신경을 썼다.

그런 와중에 건강에 결정적인 적신호가 왔다. 5월 중순 어느 날 소변을 보는데 이상 징후가 나타났다. 평소와 색깔이 달랐던 것이다. 이른바 '육안적 혈뇨'였다. 눈으로 봐도 금세 알 수 있을 정도로 소변에 피가 섞여 나오는 게 아닌가. 깜짝 놀랐다. 뭔가 몸속에 이상이 있구나 하는 생각이 들었다. 그런 현상이 며칠간 멈추지 않고 지속됐다. 나중에는 이러다가 빈혈이 오는 게 아닌가 하는 걱정까지 하게 됐다. 그래서 6개월에 한 번씩 가던 세브란스병원 가정의학과에 일단 진료 예약을 했다. 1주일 뒤쯤 날짜가 잡혔다.

그런데 가슴 쪽에도 통증이 왔다. 허리 통증이 완전히 낫지도 않은 상태인데 설상가상으로 가슴 쪽에 띠 모양으로 통증이 느껴졌다. 직관적으로 '대상포진이구나' 싶었다. 그래서 급히 동네 병원을 찾았다. 전에 한 번 가 봤던 피부과 병원을 갈까 하다가 혈뇨도 있고 대상포진도 있고 해서 여러 진료과가 있는 집 근처 작은 종합병원에 갔다. 진료실에 들어갔더니 나이 지긋한 의사가 계셨다. 그분은 내 설명을 듣고는 혈뇨는 이미 예약해 놓은 세브란스에 가서 체크해 보라고 했고, 다른 증상은 들어보니 대상포진이 맞는 것 같다며 처방을 해 주었다.

그때부터 본격적인 투약이 시작됐다. 처음에는 나흘치, 그다음에는 일주일치 추가 처방을 받아 대상포진 치료약을 먹었다. 그런데 별 차도가 없었다. 역시 전문병원인 피부과를 갔어야 했던 게 아닌가 싶어서 본래 가려고 했던 피부과로 발길을 돌렸다. 거기서는 레이저 치료도 해 주고 다른 약을 처방해 주었다. 한 번 더 갔지만 증상은 여전히 호전되지 않았다. 세 번째 갔을 때는 주사도 맞았다. 그래도 역시 마찬가지였다. 결국 피부과 의사는 더 큰 병원으로 가보라고 하면서 진료의뢰서를 써 주었다. 그러는 사이 통증 부위는 더 넓어졌다. 특히 가슴 쪽과 등 쪽이 몹시 아팠다. 밤에는 잠을 자기 어려울 정도로 통증이 심했다. 자다가 자주 깨기도 했다. 가까운 주변 사람들에게 얘기했더니 한의원에 가서 침을 맞아보라고 말하기도 했고, 유명하다는 마취통증의학과 병원을 소개해 주기도 했다. 그래서 어떤 날은 한의원을 포함해서 병원 세 군데를 간 날도 있었다. 무엇 때문인지는 몰라도 통증이 있던 부위는 조금씩 줄어들었다. 다만 오른쪽 가슴과 등의 특정 부위는 계속 아팠다. 이른바 '이질통'이라는 것 때문에 옷을 입기도 불편했다.

그런 통증에 시달리는 동안, 내 나름의 통증 완화법도 체득했다. 찬물이든 따뜻한 물이든 샤워는 도움이 되었다. 그래서 자주 샤워를 했다. 냉찜질 혹은 온찜질 효과가 어느 정도 있었다. 아이스팩도 도움이 되었다. 아픈 부위에 갖다 대면 통증이 많이 줄어들었다. 그러나 모두 일시적이었다. 근본적인 치료는 안 됐다.

혈뇨와 관련해서도 걱정을 하던 중에 혈전 방지용 처방약(릭시아나) 때문이 아닌가 싶어서 매일 아침에 먹던 그 약 복용을 멈췄다. 그랬더니 바로 그다음 날부터 혈뇨 현상이 없어지고 소변도 정상적인 상태가 되었다. 그때 나는 마치 자신이 무슨 중요한 발견이라도 한 듯 고무되었고 안도했다. 문제는 거기서 끝나지 않았다.

진료의뢰서를 갖고 평소 내 주치의가 있는 세브란스 가정의학과에 갔더니, 릭시아나를 처방해 준 심장내과와 비뇨기과에도 가서 진료를 받아 보라고 했다. 심장내과에서는 릭시아나가 혈뇨의 원인일 수도 있지만 아닐 수도 있다고 했다. 비뇨기과에서는 소변검사와 채혈과 함께 CT도 찍어 보라고 했다. 그런 후 다시 보자고 했다.

비뇨기과 재진이 있기 며칠 전, 대상포진 관련 약 보완 처방을 위해 가정의학과 주치의를 만났는데, 거기서 나는 충격적인 얘기를 들었다. CT를 먼저 확인해 본 가정의학과 의사는 CT에서 안 좋은 게 발견된다는 것이었다. 신장에 약 2.5cm 정도의 혹이 있는 것 같다고 했다. 자세한 것은 비뇨기과 의사의 말을 들어 보라고 했다. 종양이 있다는 말 아닌가. 암? 전혀 생각지도 않은 얘기를 들은 것이다. '혈뇨는 멈췄고… 대상포진이 좀 오래가고 있는 상황일 뿐인데… 암이라니?' 나는 순간 멍해졌다. 그러면서도 인터넷을 찾아보니 2.5cm 정도면 초기 증상이라고 했다. 수술해서 잘라내면 될 것 아닌가 싶어 나름대로 안도를 했다.

그런데 며칠 뒤 만난 비뇨기과 의사는 더 충격적인 소견을 얘기했다. CT 상에 나타난 것으로 볼 때 콩팥(신우)의 종양이 3기 이상은 된 것 같다는 것이었다. 곧 전신마취로 하는 정밀검사와 조직검사를 해 보고 항암치료를 한 후, 한쪽 콩팥을 제거하는 수술을 해야 할 것 같다고 했다. 의사의 말은 거의 확신에 가까웠다. 믿어지지가 않았다. 나는 대상포진으로 가슴과 등 쪽이 아픈 것 외에는 다른 자각 증상 없이 지내고 있는데 이게 웬 말인가 싶었다. '오진이 아닌가? 혹시 남의 CT를 보고 잘못 말한 것은 아닌가? CT를 다시 찍어 보고 검사해 봐야 하는 것 아닌가?' 등 별의별 생각이 다 들었다.

다른 한편으로, 극단적인 결과에 이를지도 모른다는 생각이 들기도 했다. 말기 암이면 이거 죽는 것 아닌가 하는 생각이 밀려왔다. 순간 많이 허탈해졌지만 잠시 후 담담해졌다. 정밀검사를 받아 봐야겠지만, 만약의 경우까지도 대비해야겠다는 생각이 들었다. 그처럼 차분해진 내가 오히려 이상할 정도였다. 이제 피해갈 수 없는 죽음을 준비해야 될 때가 된 것 아닌가 하는 체념 섞인 생각에까지 이르렀다.

비뇨기과 의사로부터 CT 소견을 들은 날 그로부터 열흘 뒤쯤 입원해서 그다음 날 전신마취 정밀검사를 하기로 했다. 계속 통증이 남아 있긴 하지만 대상포진은 죽고 사는 문제가 아니니 이제 그런 건 아무것도 아닌 게 되었다. 이제 주된 관심사는 콩팥의 종양이 된 것이다. 정말 악성 종양인지, 3기 이상의 말기 암인지, 어느 정도까지 진행이 된 것인지, 혹시 다른 곳으로 전이된 것은 아닌지, 수술하면 나을 수 있는 것인지는 검사를 해 봐야 알 수 있는 것들이었다.

정밀검사를 하기 전까지의 열흘은 내게 참 묘한 시간이었다. 남의 얘기로만 알았던 암 얘기가 나의 임박한 현실이 될 수 있다니, 비뇨기과 의사의 소견을 들은 이후 만약의 사태에 대비하는 일로 나 자신이 좀 부산해졌다.

오래전부터 나는 혈압이 좀 높아서 혈압약을 먹고 있는 데다가 부정맥 증세도 있어서 혈전을 막기 위한 릭시아나도 복용하고 있었다. 그러다가 최근에는 혈뇨 때문에 그 약을 거의 한 달 동안 끊고 있던 상태였다. 게다가 대상포진으로 인해 마취통증의학과에서 처방해 준 약과 함께 통증 완화를 위해 가정의학과 처방약도 같이 복용하고 있었다. 그런 상태에서 곧 입원해서 전신마취 정밀검사를 한다니 혹여 검사 중에 무슨 급변 사태가 있을지도 모를 일이라 생각했다. 그리고 7월 1일 입원해서 2일 검사를 해 봐야 내가 정확히 어떤 상태인지를 알 수 있으니 2일 이후의 나의 일정은 그때가 봐야 알 수 있는 일이었다. 현재의 의사 소견으로는 3기 이상의 신우암인 것 같으니, 항암치료 후 수술할 가능성이 높다는 것이었다. 항암치료와 수술을 하게 되면 나을 수나 있는 것인지, 낫는다면 다시 정상적인 생활을 할 수 있는 것이 언제쯤이 될지는 나도 모르는 일이었다. 그런 건 아직 물어보지도 않았다. 제발 나아져서 9월 말에는 산티아고에 꼭 갔으면 하는 생각뿐이었다.

"3기 이상"이라는 말에 죽을 수도 있겠구나 하는 생각도 들었다. 그러면서도 몸 상태는 대상포진으로 인한 통증 외에는 다른 별 이상 증상이 없어서 3기 이상의 암이 내 몸속에 있다는 것이 전혀 실감나지가 않았다. 그렇지만 수술 중에 혹은 수술 후에 마침내 죽음에 이르는 일이 생겨날 수도 있다는 생각은 나에게 나름의 준비를 하게 만들었다. 만일의 경우를 대비해서 아이들에게 유언장을 써 놓을 필요도 있을 것 같았다. 그래서 '미리 써 본 유언장'이라는 제목으로 아이들에게 전할 말을 정리해 보았다. 그걸 쓰면서는 참 담담했다. 그렇게 심각해지거나 슬퍼지거나 하는 마음은 전혀 없었다. 아내가 세상을 떠난 뒤 혹시 아빠도 졸지에 갈 수 있다는 생각에서 약 10년 전에도 간단한 유언장을 쓴 적이 있었다. 그때는 건강한 상태에서 만약의 경우를 생각하고 쓴 것이었고, 지금은 죽을 수도 있는 상황에서 좀 더 실감나게 쓴다는 차이는 있었다. 그래서 훨씬 구체적인 유언장이 되었다.

간단한 서론과 내 삶에 대한 총론적 소회에 이어 먼저 종교와 신앙생활에 대해서 아이들에게 전할 말을 쓰고, 재산 상속과 책과 물건 처분에 관한 일, 그리고 내가 쓴 글 모아 시산문집(詩散文集) 하나 내는 일 등에 대해 썼다. 끝으로 아이들에 대한 나의 사랑 마음을 전하고, 100세가 넘으신 아이들의 (외)할머니 모시는 일에 대한 언급을 부록처럼 간단히 덧붙였다. 나의 부재 시 얼마 되진 않지만 귀중품이나 비상금도 쉽게 찾도록 조치를 해 두고, 나의 보험이나 연금 등에 대해서도 딸에게 지나가듯 얘기해 두었다. 만약의 경우에 대비해서.

이렇듯 2024년 전반기는 허리 통증으로 시작해서 심한 대상포진을 겪고, 혈뇨 증상과 함께 의사의 콩밭(신우) 종양 소견으로 이어지는 '건강 이상'으로 점철된 시기였다. 7월 이후 하반기에 그것이 어떤 양상으로 전개될지 나는 모르는 일이었다.

정말 심하게 아파 보니 '건강한 삶'이 얼마나 소중한지를 뼈저리게 느낄 수 있었다. 허리 통증으로 다니기 불편한 몸이 됐을 때는 아무리 가진 게 없어도 그냥 성한 몸으로 통증 없이 나다니는 것이 얼마나 큰 복인가 싶었다. 대상포진으로 인한 통증 때도 마찬가지였다. 팔 다리가 부러지거나 몸에 크고 작은 상처가 나는 경우는 한때 아팠어도 시간이 지나면 통증이 멈추고 결국은 낫게 되지만, 대상포진은 그게 아니었다. 조기 완치가 되지 않을 경우에는 통증이 확대되고 신경통으로 악화되어 약을 먹어도 쉽게 치료가 되지 않았다. 그 고통도 너무 오래갔다.

아파 보니 건강한 사람이 너무 부러웠다. 처방전에는 약 복용 시 술은 절대 마시지 말라는 문구도 적혀 있었다. 술을 좋아하던 나는 긴 기간 금주해야만 했다. 지나치는 식당에서 벗들과 소주 한잔 같이 나누며 즐겁게 웃고 있는 이들을 보니 그 역시 한량없이 부러웠다. 자연히 가까운 사람들과 만나기로 했던 약속들도 대부분 취소됐다. 물론 오래전에 날을 잡아 약속했던 (골프) 운동도 건강상 이유로 양해를 구하고 빠졌다. 아주 가까운 사람들에게만 제한적으로 최근 나의 건강 상태를 알렸지만, 미안하게도 결국 모두에게 심려를 끼치는 결과가 됐다.

"건강하고 행복하세요." 우리나라 사람들이 나누는 인사말 중에서 아마도 가장 많고 흔한 인사말 중의 하나일 것이다. 특히 카톡을 하다 보면, 무슨 기념일이나 생일이나 축하 받을 일이 있는 경우 가장 많이 등장하는, 가장 의례적인 인사말이다. 건강할 때는 그냥 예사말로 하고 예사말로 들었다. 그런데 아파 보니, 정말 가장 중요한 말이고 가장 절실한 말임을 알게 된다. 건강하면 행복한 것이고, 행복하면 그게 건강한 것이니 말이다. 건강과 행복은 늘 동행하는 동반자이다. 빨리 건강을 되찾아 행복해지고 싶다. 가까운 벗들과 거리낌 없이 만나 밥도 먹고 술도 한잔하던 그 평범한 일상이 얼마나 행복한 시간이고 소중한 시간이던가. 아파 보니 그런 게 더더욱 절실히 느껴졌다.

  정밀검사를 위한 입원을 하루 앞두고 만감이 교차한다. 그러나 기도한다. 치유의 하느님을 믿사오니, 가능하면 이 병고로부터 벗어나 다시 건강을 되찾게 하소서. 내가 알 수 없는 미래의 모든 것은 주님 손에 맡기나이다. 주님의 뜻대로 하소서. 그렇게 기도할 뿐이다.

(2024. 6. 30.)

아파 보니

건강할 땐 미처 모르고 살았지
불편 없이 그냥 길 걷기만 하는 것도
얼마나 큰 축복인지를
(허리를) 아파 보니
웃으며 함께 길 가는 사람들이
한없이 부럽더라

건강할 땐 미처 모르고 살았지
걱정 없이 뭐든 맛있게 먹는 게
얼마나 좋은 건지를
(속을) 아파 보니
마주 앉아 그냥 밥 먹는 사람들마저
너무 부럽더라

건강할 땐 미처 모르고 살았지
염려 없이 편하게 살아가는 게
얼마나 큰 가호인지를
(정말 크게) 아파 보니
기도가 절로 나오더라

한창 아플 땐
아팠던 과거의 순간을 기억하지 말고
아플지 모를 미래를 염려하지도 말며
그래도 덜 아픈 지금에 족하며
하루빨리 얼른 낫기를 희망하더라

아파 보니 많은 게 달라 보이고
또한 달라지더라
아파 보니

(2024. 6. 8.)

고해(告解)

참 희한한 일이다. 암 선고를 눈앞에 두고 있는 불행한 순간에 감사한 다행감을 느끼다니! 도대체 뭐가 그리 감사하고 다행스럽다는 것인가?

7월 15일 월요일은 딸과 함께 세브란스 비뇨의학과에 진료를 보러 가는 날이었다. 병원에서는 막내 동생도 같이 만나기로 했다. 셋이서 담당 의사로부터 암에 대한 최종 검사 결과를 듣기로 했다. 그런데 아침부터 두렵고 긴장되기는커녕 건강할 때의 평상시 마음과 별 다를 바 없었다. 아침 식사 후 30분가량 잠시 눈을 붙여서 그런지 몸도 개운했다. 검사 결과는 좋지 않을 거라는 것도 이미 예상하고 있었다. "아마도 신우암 3기 이상!" 지난주에 내시경 정밀검사를 하고 난 뒤 의사가 직접 했던 말이다. 검사 결과, 눈으로도 실제 보인다고 했다. 7월 15일은 그런 결과를 최종적으로 재확인하고 향후 치료 및 수술 계획 등을 들으러 가는 날이었다. 그런데도 마음이 별로 무겁지 않았다. 체념했기 때문이 아니었다. 모든 것을 인정하고 그대로 받아들이기로 했기 때문이었다.

왜 그랬나? 그 전주 목요일과 금요일의 절망적인 심리 상태와는 아주 달랐다. 목요일은 정밀검사를 끝내고 퇴원한 날이었다. 검사 결과, 신우암 환자임이 확인됐다. 오진이기를 바랐지만 결과는 의사의 소견대로였다. 나는 이제 정말 '암 환자'가 된 것이다. 집으로 돌아온 나는 목요일과 금요일 이틀을 악몽에 시달리듯 보냈다. '내게 왜 이런 일이?' '꿈이었으면 좋겠다' '이제는 어떡하나?' '이대로 죽는 건 아닌지?' '혹시 무슨 벌 받는 건 아닌지?'… 별의별 생각이 다 들었다. 그래서 이틀 내내 잠을 잘 수 없었다.

9월 하순에 산티아고 순례길 800km를 걷기로 한 계획, 같은 제목의 시와 산문을 엮어 시산문집(詩散文集)을 꾸며 보기로 한 나름의 포부, 이미 맡고 있는 학계나 성당 봉사직의 일들, 이런저런 지인들이 부탁해서 앞으로 맡기로 한 일들이 모두 올 스톱! 아직 장가도 안 간 아들의 미래 걱정, 앞으로 있을 항암치료와 수술에 대한 두려움 등… 수많은 생각과 고민, 걱정들이 마구 뒤섞이면서 목요일과 금요일 밤엔 잠을 이룰 수가 없었다. 마음의 평정을 얻어 어떻게든 잠들고자 했으나 아무리 용을 써도 소용이 없었다. 이틀 밤을 거의 뜬눈으로 보냈다. 괴로웠다. 미칠 것만 같았다.

  토요일 아침이 되자 문득 성당을 가야겠다는 생각이 들었다. 내가 머무르고 있던 시내 숙소에서 비교적 가까운 명동성당이 생각났다. 명동성당 안에서도 고해소가 생각났다. 더 가까운 동네 약현성당도 있었으나 토요일 낮에도 고해할 수 있는 곳은 명동성당이라는 것을 확인했기 때문이었다. 지하철 4호선 명동역에서 명동성당으로 걸어가는 길에는 주말을 즐기러 나온 인파가 인산인해를 이루고 있었다. 외국인들도 다양하고 참 많았다. 즐겁게 걷는 사람들, 물건을 사고파는 사람들, 가끔씩 오토바이나 자전거로 지나가는 사람들… 참 부러웠다. 모두들 건강한 모습들이었다. 중증 암 환자의 눈에는 모두가 부러웠다. 남녀노소빈부를 불문하고 건강하다는 게 얼마나 좋은 건지 인파가 쏟아져 나온 명동거리를 걸으면서 더욱 절실하게 느껴졌다. 누운 채 구걸하는 길바닥의 거지마저도 부러웠던 게 솔직한 심정이었다.

  명동성당에 도착한 시간은 12시 반경. 통상 점심시간이다. 그런데도 고해소 문은 열려 있었고, 고해는 쉬는 시간 없이 계속 진행 중이었다. 시간대가 그래선지 대기 인원은 얼마 없었다. 두어 사람 지난 다음에 고해실에 들어갈 수 있었다. 먼저 성호를 긋고 정해진 순서에 대략 맞춰서 통회하며 심중에 두었던 죄를 고백하는 고해를 했다. 잠시 후 나도 모르게 눈물이 쏟아졌다. 부활절이나 성탄절을 앞두고 가끔씩 의례적으로 하던 판공성사 때의 고해와는 전혀 달랐다. '눈물의 고해'를 하고 나니, 이를 들은 신부님은 위로의 말씀에 이어 사죄경과 함께 보속을 주었다. 짧은 시간의 고해성사였지만, 내 마음을 크게 정화시키는 후련함이 있었다. 고해소를 나온 나는 성당 뒤켠 성모상(성모 무염시태) 앞에서 잠시 기도한 뒤 대성전 안에 들어가 나름의 기도시간을 가지며 치유의 은사를 청원했다.

고해 탓인지, 기도 탓인지는 모르겠지만 대성전을 나온 나는 마치 다른 사람이 된 듯 마음이 몹시 가벼워짐을 느꼈다. 속죄의 순간이라고 할까. 은총의 순간이라고 할까. '모든 것을 주님께 맡기자'는 생각이 나를 지배했다. 그러니 마음의 짐도 풀리는 것 같았다. 이 모든 게 주님의 뜻 안에서 이루어지는 일들이니 고난마저도 달게 받고 그 뜻에 따르자고 했던 것이다. '데려가시든, 고쳐 다시 쓰시든 주님 뜻대로 하소서' 하는 그런 마음이었다.

명동성당을 나와 다시 거리로 접어든 나의 발걸음은 한결 가벼워졌고, 마음도 이제는 오히려 감사와 기쁨으로 차오르고 있었다. 성당으로 갈 때와는 전혀 다른 기분으로 변한 나를 보았기 때문이었다. 그래선지 그날 밤은 눈을 감자마자 깊은 잠에 빠져들었다. 그 전 이틀 밤의 불면과 악몽과는 전혀 다른 숙면의 밤이었다. 잠도 잘 잤고, 마음도 참 편해졌다. 모든 것 주께 맡기니 그리 되었다.

(2024. 9. 10.)

다음은 치료 중에 내게 큰 힘과 위로가 되었던 성경 말씀 구절들이다.

✝ 그분께서는 아프게 하시지만 상처를 싸매 주시고 때리시지만 손수 치유해 주신다네. (욥기 5:18)

✝ 주님께서는 영혼을 들어 높이시고 눈을 밝혀 주시며 치유와 생명과 복을 내려 주신다. (집회서 34:20)

✝ 그분께서는 절대로 우리에게서 자비를 거두지 않으신다. 고난으로 당신의 백성을 교육하시는 것이지 저버리시는 것이 아니다. (마카베오하 6:16)

✝ 나는 그리스도를 위해서라면 약함도 모욕도 재난도 박해도 역경도 달갑게 여깁니다. 내가 약할 때에 오히려 강하기 때문입니다. (코린도2서 12:10)

✝ 곤경과 역경이 제게 닥쳤어도 당신 계명이 제 기쁨입니다. (시편 119:143)

✝ 우리는 환난도 자랑으로 여깁니다. 우리가 알고 있듯이, 환난은 인내를 자아내고 인내는 수양을, 수양은 희망을 자아냅니다. (로마서 5:3~4)

고해(告解)

의사가 암이라고 하네
그것도 3기 이상
별의별 생각 들며
밤새 뜬눈 지샜네
그 담날도 그렇게 잠 못 이루었네
왜 내게 이런 일이?
무엇 땜에 이런 일이?
이대로 죽는 걸까
다시 회복 가능할까?
무슨 죄를 지었기에 이런 벌을 내리시나?
크고 작은 과오들이 마음 속을 스쳐가네

이대론 안 되겠다
토요일 낮 시간에 명동성당 찾아갔네
가는 길에 마주치는 사람 사람
모두가 부러웠네
남녀노소빈부귀천 따질 것 없이
모두 모두 부러웠네
없으면 좀 어떻고, 못생긴들 어떠한가

건강하게 오고 가는 모두가 부러웠네

점심시간에도 쉬지 않는 성당 고해소
잠시 기다리다 고해 순간 맞이했네
마음속에 묻어 두고
머릿속에 어른거린 나의 과오 고백했네
고백 속 속죄의 눈물 흐르네
신부님 훈계와 보속과 사죄경 들으니
온몸에선 정화의 은총 넘쳐나네
무거웠던 마음마저 깃털 되어 날아가네

고해소 나와
성당 뒤편 성모상에 기도하고
대성전 들러 또 기도했네
성당 나와 다시 명동 길 들어서니
성당 갈 때 모두가 부러웠던 그 마음
어느새 사라졌네

그날 밤엔 잠도 참 잘 왔네
모든 것 주께 맡기니

(2024. 9. 10.)

좋은 준비

 좋은 준비? 이런 제목으로 몇 달 전에 시(詩)랍시고 하나 끄적거려 놓은 게 있었다. 그게 올해(2024년) 2월 말이었다. 같은 제목으로 수필도 하나 써야지 하고 제목만 하나 덩그러니 달아놓고 내버려 둔 게 있었다. 그게 바로 이 글이다. 당초 '좋은 준비'라고 했던 건 잘 죽기 위한 준비라는 뜻이었다. 그런 제목을 달았던 건 내가 지금처럼 아프기 전인, 어느 정도 건강할 때의 일이었다. 미뤄 놓았던 글을 막상 쓰려고 하는 지금은 진짜 '죽을지도 모르는' 중병에 걸린 시기이니 참 묘한 생각이 든다.
 잘 죽기 위한 준비, 그건 이제 상상이 아닌 사실의 영역이 되었다. 지금은 항암치료를 하고 있는 중환자이기 때문이다. 그런 입장에서 잘 죽기 위한 준비, 즉 좋은 준비를 생각할 수밖에 없는 처지가 된 것이다.

그러나 환자로서 잘 죽기 위한 준비를 생각한다고 해서 내가 죽음을 앞둔 호스피스 환자로서 죽음을 준비하는 그런 단계는 아니다. 치유의 희망을 갖고 치료 중인 환자일 뿐이다. 항암치료가 잘 되면 곧 수술을 받고, 수술이 잘되면 다시 건강을 회복할 수 있다는 그런 희망 환자로 자신을 생각하고 있다.

따라서 잘 죽기 위한 준비는, 건강하든 아프든 그것에 상관없이 언젠가 맞이할 죽음이 올 때까지 어떻게 살 것인가에 대한 자문자답이라고 할 것이다. 따라서 그것은 곧 나의 사생관(死生觀)이나 종교관과도 무관하지 않은 문제라 할 것이다.

나는 태어날 때 이미 죽을 뻔했다. 1956년(병신년) 7월 말 한창 무더운 한여름에 모친의 제왕절개로 이 세상이 나왔다. 그때 나를 가지셨던 모친은 심한 임신중독으로 전신 부종에 시달리고 계셨다고 했다. 응급 상태에서 병원에 실려 간 모친을 보고 당시 의사는 당장 수술해야 한다며, 제왕절개로 달도 차지 않은 아이부터 끄집어냈다는 것이다. 그래서 나는 팔삭둥이로 세상에 태어나게 되었고, 다행히 모친도 어렵사리 건강을 회복했다고 들었다. 당시 의사는 조금만 더 늦었어도 산모와 아이 둘 다 죽을 수 있는 그런 상황이었다며 크게 화를 냈다고 들었다.

 이렇듯 나는 태어날 때부터 죽을 뻔했다. 그러나 살아났다. 그로부터 일흔을 앞둔 지금까지 큰 탈 없이 알차게 살아왔으니 참으로 고맙고 감사한 일이다. 아무리 박사가 흔한 세상이라고 하지만 박사까지 했으니 공부도 할 만큼 했고, 대학에서 30년 이상 학생들을 가르치는 교수로 근무하면서 공직에도 나가 봉사했으니 남부럽지 않게 일도 할 만큼 해봤다. 때로는 가족과 함께, 때로는 친구나 지인들과 함께, 나라 안팎으로 여행도 적지 않게 가봤으니 그만하면 족할 만하고, 평소 여러 운동을 좋아하고 그 또한 즐길 만큼 즐겼으니 여한이 없다. 몸에 안 좋다는 담배는 이미 20여 년 전에 단언하며 끊어서 금연 자랑질도 할 만큼 했고, 평소 좋아했던 술 또한 즐길 만큼 즐겼으니 이제 그만 마셔도 아쉬울 게 없다.

 다만 늘 친구처럼 같이 지내던 아내가 생각보다 일찍 하늘나라로 갔으니 옆구리가 늘 허전하고, 쉰 중반에 너무도 빨리 별세하신 부모님께 제대로 효도 못한 것이 못내 안타깝고 서글플 뿐이다, 딸은 제때 시집을 가서 벌써 외손주가 둘이니 여한이 없고, 다만 삼십 대 중반이 된 아들 녀석 아직 결혼 안 한 게 숙제 안 한 것처럼 마음에 걸린다. 부모와 아내 세상 떠나는 일을 난들 어찌 하리요. 아들 장가가는 일도 녀석이 알아서 할 일인데 난들 어찌하리요.

죽을 뻔하다가 태어난 것이 내 삶의 시작이었다면, 살 뻔하다가 죽는 것 또한 내 삶의 또 다른 단면일 수 있을 것이다. 지금 투병 중인 내가 잘 치료해서 살 뻔하다가 죽을 수도 있고, 치료 후 다시 건강하게 살다가 어느 땐가 계속 살 뻔하다가 죽을 수도 있을 것이다. 언제 어떻게 죽는 일에 대해서 이 또한 난들 어찌하리오. 해서 언제 어떻게 죽더라도 잘 죽기 위한 준비는 해야 하지 않을까 싶다. 지금처럼 아프든, 치료해서 낫든 간에.

잘 죽는다는 게 무엇일까? 지금의 나로서는 죽는 순간에 후회 없는 삶이었다고 스스로 여기는 것이라 생각된다. 죽는 순간에 웃으면서 눈 감을 수 있다면 더더욱 좋을 것 같다. 지금 당장 죽는다 해도 후회는 없다. 고해성사를 통해 죄 사함을 받았고 영적으로 거듭나는 자신을 발견했기 때문이다. 지금 내게 주어진 질병마저 하늘이 내게 준 "이겨 낼 만한 고난"이라 생각된다. 고난은 한시적일 것이고, 얼마간 지나면 다시 새 삶이 주어질 것이라고 믿는다.

"그분께서는 아프게 하시지만 상처를 싸매 주시고 때리시지만 손수 치유해 주신다네." (욥기 5:18)

나는 가끔 지금의 고난을 감히 예수의 십자가 수난에 빗대어 생각해 보기도 한다. 묵주기도를 드리며 '고통의 신비'를 묵상할 때는 더더욱 그렇다. 피땀 흘리는 예수, 매 맞는 예수, 가시관을 쓴 예수, 그리고 십자가를 지고 가는 예수를 묵상할 때면 나의 육체적 고통은 아무것도 아니라는 생각을 하게 된다. 그러다가 '영광의 신비'를 묵상할 때는 부활하신 예수, 승천하신 예수를 생각하며, 부활의 영광 속에 거듭날 수 있는 은총을 상상하게 된다.

그렇다. 지금 겪고 있는 투병 생활은 하늘이 내린 "이겨 낼 만한 고난"이며, 이런 역경을 이겨 내고 건강을 회복하면 내게 다시 새로운 삶의 기회가 주어질 것이라는 희망을 갖게 된다. 그때의 나는 새 몸과 새 맘으로 다시 세상으로 나아가 죽는 날까지 남은 생을 살게 될 것이다. 가을로 접어드는 지금은 항암치료를 하고 있고, 잘 되면 가을에는 수술의 시간을, 그리고 겨울에는 재활의 시간을 갖게 될 것이다. 그리고 새 봄이 오면 새 몸과 새 맘으로 새롭게 세상에 나아갈 것이다. 얼마나 벅찬 희망인가?

새롭게 세상에 나아간다면… 주님 보시기 좋은 살아가기가 되기를 원한다. 성경에 나오는 주옥 같은 말씀들을 되뇌며 실천하는 삶이 되기를 바란다.

- 우리가 알고 있듯이, 환난은 인내를 자아내고 인내는 수양을, 수양은 희망을 자아냅니다. (로마서 5:3~4)
- 내가 너희에게 명령하는 것은 이것이다. 서로 사랑하여라. (요한 15:17)

- 남이 너희에게 해 주기를 바라는 그대로 너희도 남에게 해 주어라. (루카 6:31)
- 너희가 내 형제들인 이 가장 작은 이들 가운데 한 사람에게 해 준 것이 바로 나에게 해 준 것이다. (마태오 25:40)

인용한 성경 구절들은 평소에 가장 가슴에 와닿았던 것 중의 일부이다. 간단히 요약하면, 믿음 가지고 서로 사랑하며 주변의 어려운 사람들을 돕는 일에 솔선수범하는 삶을 추구하자는 것이다. 쉬운 듯하면서도 결코 쉬운 일은 아닐 것이다. 인간은 한편으로 이기적 속성을 지니고 있기 때문이다. 나도 예외는 아닐 것이다. 돌이켜 보면 남을 사랑하고 돕는 일조차도 따져 보면 자기중심적인 경우가 많았기 때문이다. 진정한 자기희생을 통한 사랑과 봉사의 실천이야말로 하느님이 바라는 것이 아닐까.

죽을 뻔하다가 살아난 목숨이 거의 일흔 해를 살아왔다. 이제는 계속 살 뻔하다가 어느 날 죽을 것이다. 당장 내일이 되었든 아니면 몇 년 뒤가 되었든 그때까지는 자신을 비워나가고, 거기에 사랑과 우정과 희생 봉사를 채우는 그런 삶이 되었으면 참 좋겠다.

(2024. 9. 14.)

좋은 준비

죽을 뻔했다가 살아났으니
살 뻔하다가 죽을 수도 있는 법

그동안 잘 살았으니
이젠
잘 죽는 것도 준비해야겠다

빈손으로 왔는데도
아직 가진 것 있으니
그것 비우면
원래로 돌아가는 것

그동안 잘 살았으니
이젠
잘 베풀고 나누기라도 해야겠다

그러다
어느 날 조용히 홀연히
미련 없이 사라져야지

한 조각 구름(雲寸)처럼

자연의 품으로
주님의 품으로
거부할 수 없는 섭리에 따라

이젠
잘 죽기 위한 준비를
정말 잘 해야겠다

시간이 그리 많지 않다

(2024. 2. 29.)

출발 예정일
- 산티아고 순례길 걷기

언제 오나 했던 그날이 왔다. 2024년 9월 25일(수). 이날은 내가 스페인 산티아고 순례길 출발하려고 했던 날이다. 25일 출발해서 11월 4일에 돌아오는 39박 41일의 순례길 여정. 그러나 9월 25일에 나는 한국에 머무는 신세가 됐다. 몸이 아파서 순례길 걷기를 이미 취소했기 때문이다.

산티아고 순례길 걷기는 나의 가장 중요한 버킷 리스트 중 하나였다. 아내가 세상을 떠난 10주기가 되기 전에 꼭 한번 걸어갈 것이라는 목표를 세운 지 오래다. 몇 년 전부터 늦어도 내년 9월 전엔 다녀오겠다고 마음먹었다. 그래서 좀 늦긴 했지만 2024년에 출발하기로 작정했다. 처음에는 나 홀로 간다는 계획을 잡았다. 산티아고 순례길 여행에 관한 책이나 유튜브 등도 조금씩 미리 챙겨 보았다. 어떤 책에서는 산티아고 순례길을 제대로 맛보려면 혼자 가는 게 제일 좋다고 했다. 홀로 걷는 중에 우연히 마주치는 사람들과 대화도 나누고 기도와 묵상도 하면서 가는 게 좋다고 했다. 그게 참된 순례자의 길 걷기라고 했다. 그래서 처음에는 혼자 가려고 했다.

800km가 넘는 먼 이국의 낯선 길을 혼자서 간다? 순례자의 길이기에 고행의 길이면서도 한편으로는 멋져 보이기도 했다. 그러나 이제 나는 일흔 살이 눈앞에 있는 노인이다. 산티아고 순례길에 대해 이리저리 알아보는 과정에서, 산티아고행 여행상품을 다루는 여행사에서도 만70이 넘으면 아예 접수를 받지 않는다는 얘기도 들었다. 가끔 주변에서 내 또래가 산티아고를 혼자 다녀왔다는 얘기도 듣긴 했지만, 시간이 갈수록 솔직히 자신이 없었다. 고생은 사서도 한다지만 그건 젊은 시절의 얘기다. 나이도 먹을 만큼 먹었고 외국어도 능숙하지 못한 나로서는 그것도 평생 처음으로 혼자서 먼 길을 걷는다는 게 쉽지 않은 일임에 분명했다. 게다가 오래전부터 자주 허리 통증을 겪던 나로서는 솔직히 건강에도 자신이 없었다.

그래서 3월경이었을까. 마음을 바꾸어 인터넷을 통해 산티아고 순례길 관련 단체여행 상품을 찾아보게 되었다. 마침 국내 H여행사에서 그와 관련된 여러 상품을 소개하고 있었다. 그중에서 가장 눈에 띄는 것이 하나 있었다. "전용

밴 운용 800km 완주 41일" 39박 41일 상품이었다. 비행기로 오가는 날짜와 완주 후 관광하는 일부 날짜를 빼면 34일 정도를 하루 평균 20~25km씩 계속 걷는 상품이었다. 하루에 20km 이상 걷는 것은 분명 쉬운 일이 아니었다. 내가 국내에서 가끔 시간을 내어 서울둘레길을 걸을 때도 그렇게 길게 걸어본 적이 없었다. 많이 걸어야 하루에 그 절반 정도를 걷곤 했다. 그러고도 힘겨워했는데, 20~25km를 34일간 연속해서 걷는 건 당시로선 일단 상상의 영역, 기대의 영역일 뿐이었다. 그래선지 나의 눈길을 끈 것은 "전용밴 운용"이란 문구였다. 짐들은 밴으로 실어 주고 걷다가 다치거나 힘들면 거기에 태워 주는 서비스를 제공한다는 것이다. '그래, 걷다가 안 되면 밴이라도 타고 가면 되겠네' 싶었다.

그래서 그 여행사에 전화를 걸어 몇 가지 문의를 한 다음, 일단 예약을 했다. 예약 날짜가 바로 9월 25일이었던 것이다. 출발 예정일은 9월 25일. 이제 그날이 되면, 나는 산티아고 순례길 여정을 시작하는 것이다. 그날은 마침 내 아내의 9주기 기일 바로 다음날이기도 했다. 그러니 출발 전날 저녁에 성당에서 아내 기일 연(煉)미사를 드리고, 그다음 날 아침에 산티아고를 향해 출발하면 되겠다고 생각했다. 9년 전 같이 스페인 여행을 가려고 여행사에 예약을 다 해 놓았는데, 당시 세계적인 재난이기도 했던 메르스 사태로 인해 해외여행을 취소할 수밖에 없었다. 그래서 우리는 국내 제주도로 여행 코스를 변경했다. 그런데 여행 중 불의의 사고로 아내가 세상을 떠났던 것이다. 그때 같이 못 갔던 스페인 여행. 뒤늦게나마 내가 아내를 가슴에 묻고 산티아고 행으로 대신하고자 했던 셈이다. 아내 장례를 치르고 아내가 일하던 대학 사무실 서랍의 물건을 정리하던 중에 아내가 직접 타이핑했던 산티아고 순례길의 코스 메모를 발견하기도 했었다. 아내도 언젠가는 그 길을 걷고 싶어 했구나 하는 생각이 들었다.

그런데 변고가 생겼다. 5월경 내 몸에 큰 이상이 생긴 것이다. 연초부터 허리 통증이 계속되어 정형외과를 찾아가서 물리치료도 하고 통증 완화를 위한 주사도 맞았다. 그러나 쉽게 낫지 않았다. 그래도 산티아고를 가기 위한 몸을 만들기 위해 하루 만 보 이상은 꼭 걸었다. 어떤 날은 2만 보나 3만 보도 넘게 걸었다. 게다가 동네 헬스클럽을 찾아가 전문 트레이너에게 PT(Personal Training)를 받기도 했다. 그런데도 허리 통증은 낫질 않았다. 이런 몸으로 산티아고를 갈 수 있을까 하는 걱정이 들기 시작했다. 그런 와중에 설상가상으로 대상포진 증세도 나타났다. 허리도 아픈 데다가 오른쪽 가슴과 등짝으로 이어지는 부분에 심한 통증이 느껴졌고 점차 아픈 부위가 늘어났다. 병원에 가서 처방을 받고 약을 계속 먹었는데도 별 차도가 없었다. 심지어는 한의원에 가서 침도 맞고 고주파 치료까지 받았는데 낫지를 않았다. 몸은 이미 비상 상태가 된 것이다.

이런 몸으로 몇 개월 뒤에 예정된 산티아고를 과연 갈 수 있을까? 하루 20km 이상을 쉬지 않고 걸을 수 있을까? 불가능하다는 생각이 들었다. 그래서 여행사에 연락했다. 플랜 B로 바꾸기로 한 것이다. 같은 여행사의 다른 산티아고 상품으로 갈아타기로 했다. 39박 41일 800km가 아닌 "북부길 +프랑스길 하이라이트 300km 21일"이라고 하는 19박 21일 상품이었다. 이미 예약했던 산티아고 순례길과 많은 부분 중복되면서도 일부는 스페인 북부 해안 길이 포함된 코스였다. 이미 예약된 길보다 걷는 길은 절반도 안 되지만 나머지 길은 차량으로 이동하는 훨씬 편한 여행 상품이었다. 여행사에 연락해서 예약을 변경했다. 변경된 상품도 출발일은 본래 예약했던 코스보다 하루 늦은 9월 26일(목)이었다. 이 역시 아내 기일 연미사를 지낸 이틀 후이니 나름 의미 있는 일정이라고 봤다. 특히 새로 예약한 코스는 실제 아내의 순례길 목록에서 그녀가 걸었으면 했던 스페인 북부 해안 길까지 포함하고 있어 오히려 더 잘 됐다고 생각했다.

허리 통증이나 대상포진도 좀 더 치료하면 낫겠지 하는 생각에 여러 달 뒤인 9월 26일에는 어떻게든 출발할 수 있을 거라고 나름 믿고 있었다. 산티아고 코스도 좀 더 부담이 안 되는 코스로 변경해 놓았으니 더더욱 그랬다.

그런데 6월 들어 상황이 달라졌다. 더 큰 병원에 가서 진료 상담을 하는 과정에서 뜻밖의 증세도 나타났다. 통증은 여전한 가운데 소변에서 피가 섞여 나왔다. 이른바 '육안형 혈뇨' 증세였다. 의사에게 약을 잘못 먹어서 그런 것 아니냐고 했더니 의사는 비뇨기과로 한번 가 보라고 했다. 결국 비뇨기과에 가서 상담도 하고 CT도 찍었다. 그로부터 1주일 뒤 나는 청천벽력 같은 소리를 듣게 되었다. 암(癌), 그것도 별로 들어 본 일도 없는 "신우암 3기 이상은 될 것 같다"는 비뇨기과 담당 의사의 소견을 듣게 되었다. 그 뒤 전신마취 정밀검사를 했고, 검사 결과는 의사의 예상을 크게 벗어나지 않았다. 내시경으로 검사한 결과 신우암 3기라는 판정이 내려졌다. 다행히 정밀검사 직후 찍은 흉부 CT와 전신 뼈 CT 등에서 다른 부위로의 전이는 발견되지 않았다는 정도의 그나마 다행스런 의사 소견이 있었다.

정밀검사 결과에 이은 비뇨기과 의사의 진료에서 나는 결국 '중증 암 환자'가 되었다. 그런 판정이 내려지면 국민건강보험공단에 중증 환자 등록을 하게 되고, 그에 따른 일정한 혜택을 받게 된다고 했다. 그래서 나는 중증 환자 등록과 함께 치료를 위한 입원 수속을 밟았다. 여기서 입원 수속이란 곧 항암치료를 받게 된다는 것이었다.

항암치료를 받는 암 환자가 길고 먼 산티아고 순례길을 걸어갈 수는 없는 노릇이다. 힘든 일부 구간을 차량으로 이동한다 하더라도 남은 몇 백 km를 걸어갈 수도 없었다. 죽을 각오로 꼭 가겠다고 하더라도, 누군가가 당연히 말릴 것이다. 결국 이렇게 해서 나의 9월 26일(목) 산티아고 순례길 출발은 불가능하게 되었다. 순례길 걷기보다 더 중요한 일은 하루라도 빨리 건강을 회복하는 일이 되었다.

변경된 출발 예정일인 9월 26일은 마침 나의 4차 항암치료 마치는 날이기도 했다. 10월 4일에는 치료 결과를 확인하기 위해 CT를 찍는 날이다. 그리고 10월 10일에는 그 CT를 보고 (협진하는) 담당 의사들이 수술 여부를 결정한다고 한다. 기대한 만큼 치료 효과가 있으면 수술에 들어간다는 것이다. 수술이 잘 되어 빨리 건강을 회복하고 싶다. 건강 회복 후 머잖아 산티아고 순례길을 반드시 걷고 싶다. 조금이라도…. 그런 날이 오기를 기대해 본다. 아니 간절히 기도하게 된다.

(2024. 9. 26.)

출발 예정일
– 산티아고 순례길 걷기

2024년 9월 25일 수요일
800km 줄곧 걷는 산티아고 순례길 가기로 했다
꿈에도 그리던 나의 버킷 리스트
여행 상품 골라 예약하니 가슴도 뿌듯
예약까지 했으니 서둘러 준비 들었다

돌이켜 보면
2015년 메르스 사태 땜에 취소한 스페인 여행
아내와 난 대신 제주행 택했지
아, 뜻밖 사고로 아내 세상 떠나고
슬픔 걷히기 전 아내 메모에서 산티아고 순례길 봤네
그래서 10주기 전
난 홀로라도 그 길 가기로 했네
예약 후 오래 걷기, 산 오르기, 몸 만들기 열심 했었지

허나
뜻밖 연이은 병고(病苦)로 예약 변경했네
2024년 9월 26일 목요일
차도 타고 길도 걷는 다른 상품 갈아탔네

그러다 뜻밖 암(癌)까지 겹치니
결국 예약은 취소했네

그래서
두 번의 출발 예정일 모두 물거품 됐네
몸 아프고 나이 드니
이젠 순례길도 마냥 꿈에 그치나 싶네

아니다
어떻게든 나아 그 길 걸어야지
아내 가슴에 묻고 함께 걸어야지

아픈 몸 달래며
세 번째 출발 예정일
이리저리 찾아보게 되네

(2024. 9. 26.)

아프니까 못 하는 것

항암치료를 한 지 석 달 보름이 넘었다. 7월 중순부터 3주 단위로 치료를 받고 있는데 내일이면 6차 치료가 시작된다. 7차 치료가 끝나고 한 달 정도 회복기를 거친 뒤 수술한다는 일정이 잡혀 있다. 백 일이 넘는 치료 기간 동안 암 환자로서 겪고 느낀 일이 참 많았다.

일단 활동에 제한을 받을 수밖에 없다. 아픈 환자가 나다니기 어려우니 머무는 공간은 주로 병원과 집일 수밖에 없다. 운동 삼아 밖에 나가는 일이 있지만 멀리 가진 못한다. 심한 운동도 금물이다. 다른 사람들과의 만남도 매우 제한적이다. 굳이 찾아오는 문병객이야 마다할 수 없지만 바깥 약속은 되도록 하지 않는 편이다. 하더라도 병원이나 집 가까운 곳에서 잠깐 만난다. 대부분 핸드폰을 통해 카톡이나 문자를 주고받으며 소통한다. 평소 자주 만나던 사람들도 대면하지 못한 지 백일이 넘은 셈이다.

아프니까 보고 싶은 사람들 자주 보기 어렵고, 가고 싶은 곳 가기 어렵고, 특히 먹고 싶은 것 먹기 어렵다는 걸 절감하게 된다. 중증 암 환자의 생활은 제한되고, 격리되고, 또 절제해야 하는 것이 상당히 많았다.

신장암(정확히는 신우암) 환자인 나의 경우는 그동안 특히 먹는 것에 제약이 많았다. 항암치료를 받으면서 그런 걸 뼈저리게 느꼈다. 사람 만나는 것도 많이 줄였고, 어디 멀리 가는 것도 가급적 삼가고 있지만, 먹는 것에 특히 조심하게 되었다. 먹지 말라고 권장하는 게 너무 많아서다. 신장에 좋지 않다고 하는 것들을 다 빼고 나면 별로 먹을 게 없었다. 먹을 수 있는 것이라 하더라도 짜고 맵고 지나치게 단 것은 안 된다고 하니 먹는 게 맛도 없었다. 늘상 맛없는 먹거리로 끼니를 때우다 보니 모든 게 심심하여 참 살맛도 안 났다. 즉 먹고 싶은 것 제대로 못 먹어서 죽을 맛이었다.

치료에 들어가기 전, 병원에서는 환자 영양 관리에 관한 교육을 별도로 해 주었다. 암종(癌種)에 관계 없이 암 환자 공통의 식사요법 교육도 했다. 지나치게 짜고 매운 것과 과도한 동물성 지방이나 날것의 섭취 등은 피하라고 했지만, 전체적으로 골고루 먹는 균형 잡힌 영양 섭취가 중요하다고 했다. 그 교육을 받았을 때에는 먹는 것에 대해 별로 걱정하지 않았다.

　소고기나 돼지고기를 먹어도 되고, 우유나 치즈, 빵과 국수, 감자와 고구마, 채소류와 과일 등도 기호에 따라 적당히 먹으면 된다고 했다. 그러니 지나치게 짠 것이나 단 것, 날것, 기름진 가공육 등만 피하면 된다고 생각했다. 특히 보약이나 홍삼, 보신탕류, 과당음료 등은 삼가라고 했으니 그런 건 안 먹으면 될 일이었다. 흔히 '건강식'이라고 하는 걸 골고루 먹으면 되겠구나 생각했다. 그래서 한동안 나는 저염식을 기본으로 하되 채소와 과일을 많이 먹었다. 고기와 빵, 감자와 고구마 등도 즐겨 먹었다. 구운 것보다는 삶아서 먹는 게 좋다고 해서 그렇게 했다. 가끔 돼지고기 삼겹살도 삶아서 먹었고 한동안 수육이나 족발도 챙겨 먹었다. 팥빵과 크림빵도 이따금 사다 먹었고, 참치와 양파와 오이와 치즈와 계란을 곁들인 샌드위치도 만들어 먹었다. 항암치료 직후에는 보조 치료를 위해 며칠간 한방병원에 수시 입원해 있기도 했는데, 그때에는 병원에서 주는 하루 세 끼 저염식 식사를 꼬박꼬박 받아서 먹었다. 너무 싱거워서 역겨운 때도 있었지만 부지런히 먹어 주었다. 먹는 것과 관련해서 나름대로는 노력을 했다고 생각했다.

　그러나 4차 항암치료가 끝난 뒤 CT를 찍고 의사 진료를 받았는데, 치료 효과가 기대한 만큼 나타나지 않았다. 먹는 것 때문일까? 고민이 많았다. 치료를 연장하면서 특별히 크게 바꿀 것은 없었다. 가장 적극적으로 바꿀 수 있는 건 먹는 걸 조정해 보는 것이었다. 조금이라도 몸에 좋지 않다고 하는 건 피하기로 했다. 인터넷이나 유튜브를 이리저리 찾아보면서 신장에 안 좋은 음식이라고 하는 것은 철저히 배제하기로 했다.

그런데 먹지 말라는 게 너무 많았다. 신장이 안 좋은 환자는 특히 저염식을 해야 하고, 칼륨이나 나트륨, 인이 많은 음식은 물론, 과도한 동물성 지방이나 단백질 섭취도 안 된다고 했다. 소고기와 돼지고기는 물론 닭고기와 오리고기도 신장에는 안 좋다고 했다. 특히 햄과 베이컨, 소시지, 핫도그, 육포 같은 가공육은 나트륨 함량이 많아서 안 된다고 했다. 피자와 같은 패스트푸드 역시 나트륨 함량이 높아 안 먹는 게 좋다고 했다. 심지어 계란과 생선도 신장에는 부담스러운 음식이라고 했다. 우유와 치즈 같은 유제품도 단백질 때문에 신장 환자에게는 안 좋다고 했다. 바나나와 토마토, 참외, 키위, 오렌지, 살구, 복숭아, 아보카도 등과 같은 과일도 당과 칼륨이 많아 피해야 한다고 했다. 김과 미역과 다시마와 같은 해조류와 오이, 피망, 시금치 같은 채소는 물론 감자와 고구마도 칼륨 함량이 높기 때문에 특히 중증 환자의 경우 피하는 것이 좋다고 했다. 탄산음료에는 인이 많아서 신장 질환이 있는 경우 쉽게 제거되지 않아서 심장병 위험과 뼈 악화를 초래할 수 있다고 했다. 밀가루 음식과 과일 농축액, 단백질 보충제, 건강보조식품 등도 웬만하면 피하는 게 좋다고 했다. 탕 종류나 국물 음식도 가급적 피하라고 했다. 국물을 먹다 보면 염분 섭취가 많아져서 신장에는 안 좋기 때문이라고 했다. 일반적으로 건강식으로 권하는 현미밥도 무기질 함량이 높기 때문에 신장 환자에게는 좋지 않다고 했다.

그래서 4차 항암치료 이후에는 고기류와 가공육, 유제품은 물론 몸에 안 좋다는 과일과 채소, 음식은 안 먹게 되었다. 오이와 치즈가 들어가던 샌드위치 만들어 먹는 것도 중단했다. 내가 가장 좋아해서 자주 만들어 먹던 소고기 미역국도 이제는 더 이상 끓이지 않게 되었다. 가끔 몸보신 한답시고 찾아가던 설렁탕집에도 발길을 완전히 끊었다. 냉장고에 있던 과일주스와 콜라는 물론 명절 선물로 받아 두었던 햄과 건강보조식품 등은 모두 딸네 집에 보내 버렸다. 먹을 거라고 사 두었던 키위와 감자도 딸네 집에 같이 보냈다.

정말 이것 빼고 저것 떼고 나니 요즘은 별로 먹을 게 없다. 먹고 싶은 것을 먹을 수도 없다. 그래서 요즘 나의 식탁은 너무 단순해졌다. 먹어도 좋다는 몇 가지 채소(양배추, 양파, 브로콜리, 콜리플라워, 마늘, 샐러드 등)를 삶거나 데친 것과 삶은 계란이나 계란찜, 흰쌀밥이나 흰쌀 누룽지, 생선 등이 주식이 되고, 사과와 배, 포도, 블루베리 등을 후식으로 먹는 정도이다. 그런 중에 가끔 김밥이나 전복죽 혹은 신선한 야채 비빔밥을 만들어 먹으면서 싱겁고 단순해진 입맛을 그나마 달래고 있다.

그런 중에도 신장암 환자인 내게는 먹는 것과 관련된 의문이 여전히 따라 붙었다. 인터넷이나 유튜브를 통해 접하는 정보 중에는 서로 상충하는 것들이 적지 않았기 때문이다. 토마토가 신장에 좋다는 의견이 있는가 하면 안 좋다는 견해가 더 많았다. 토마토는 삶아서 먹으면 괜찮다는 정보도 있다. 오이가 신장에 안 좋은 음식이라는 얘기도 있고, 좋다는 얘기도 있다. 생선과 해조류에 대해서도 마찬가지다. 계란에 대해서도 역시 마찬가지다. 그러면서도 계란 흰자는 신장에 좋다는 견해가 더 지배적인 것 같았다.

유·무해론이 상충하는 이런 견해까지 참고해서 먹는 것을 더 조심하다 보면, 나는 삶은 계란이나 계란찜은 물론 김밥도 먹지 말아야 할 것 같았다. 채소 비빔밥에서 이젠 오이와 시금치와 계란도 빼고서 비벼 먹어야 할 것 같았다. 건강을 위해서라면.

이렇듯 아프니까 먹는 것 하나 제대로 챙겨 먹기도 참 어려웠다. 먹고 싶은 것 맘대로 먹을 수도 없었다. 빨리 건강 되찾아 먹고 싶은 김치찌개라도 한 그릇 실컷 먹어 봤으면 좋겠다. 정말.

(2024. 10. 30.)

아프니까 못 하는 것

아프니까 못 하는 게 참 많네
중병이니까 더욱 그렇네
나다니기 어렵고
사람 만나기 어렵고
먹는 것조차 맘대로 안 되네

아프니까 못 먹는 게 참 많네
콩밭(腎臟)이 아프니까 더욱 그렇네
짠 것 먹지 말란다 나트륨 많아서
고기와 우유도 삼가란다
동물성 지방과 단백질 과다는 안 되니까
잘 먹던 과일과 채소까지도 가려 먹으란다
대부분 칼륨과 인이 많아서
내가 좋아하는 빵이나 국수도 가급적 삼가란다
밀가루도 콩팥에 안 좋다며
건강식이라 생각한 현미밥도 먹지 말라네
무기질이 많아서
의사도 간호사도 그냥 물은 자주 많이 마시란다

이것 빼고 저것 빼고 나니
먹을 게 별로 없다
싱겁게 먹으라니 밥맛도 별로 없다
밥맛이 없으니 살맛도 날 리 없다

정말 아프니까 먹고 싶은 것
제대로 먹을 수가 없다
콩팥이 아프니까 더욱 그렇다
흰쌀밥에 채소는 가급적 삶아서 먹으란다
소금과 양념은 가급적 삼가란다
그야말로 무미(無味)하고 삶이 건조(乾燥)하다

얼른 나아 김치찌개라도 한 그릇
실컷 먹고 싶다
얼른 나아 설렁탕 한 그릇 깍두기랑
뚝딱 먹고 싶다
정말… 정말… 정말…

먹는 것 말고도 아프니까 못 하는 게 너무 많다
만남도 운동도 여행도

빨리 나아야겠다
아프니까 건강의 소중함 뼈저리게 절감한다

"건강하세요"란 그 혼한 인사말도
이젠 정말 예사롭지 않다

(2024. 11. 1.)

아무튼 아프지 말기를!

올해 을사년도 1월 한 달 내내 신년 인사가 오갔다. 양력 새해와 음력 설날을 전후해서 새해 복 많이 받으라는 인사가 계속됐다. 복 인사와 함께 늘 빠지지 않는 가장 많은 인사가 건강 인사다. 특히 작년부터 암 투병 중이었던 내게는 건강 회복을 기원하고 격려해 주는 신년 인사가 많았다. 어떤 이는 전화로, 또 어떤 이는 문자로 신년 인사를 건네기도 했지만, 요즘은 카톡 인사가 압도적이다.

많은 카톡 인사 중 어느 한 친구가 보내 준 게 내 맘에 콱 박혔다. "명절은 어떻게 지냈는지?"라는 묻는 말로 시작해서 "아무튼 아프지 말기를!"로 마무리한 짧은 카톡. 아프지 말라는 당부가 내 절실한 바람과 그대로 동조했다.

나는 작년 1년 내내 아팠다. 해가 바뀌고 한 달이 지났지만 아직도 아프다. 내 생애 가장 큰 병치레다. 작년 초, 그러니까 1~2월에는 평소에 즐기던 골프 운동 때문에 아팠다. 겨울인데 성당 지인들과 이미 오래전 예약해 둔 동남아 골프 여행을 두 차례 다녀왔다. 1월에는 라오스를, 2월에는 태국을 다녀왔다. 아들이 방콕에 있기에 겸사겸사 다녀왔다. 평소 오른쪽 허리가 약한 내가 무리를 한 탓인지 특히 오른쪽 옆구리와 허리가 안 좋았다. 귀국 후 잘 아는 정형외과에도 몇 번 갔었는데 아픈 허리는 잘 낫지 않았다. 계속 아팠다.

허리 근육 강화를 위해 매일 만 보 이상 걷기도 하고, 동네 피트니스에 가서 비싼 돈 내고 PT도 받았다. 그런데도 아픈 허리는 잘 낫지 않았다. 연초 시작된 아픈 허리 통증은 그 뒤 계속 일상적인 아픔이 되었다.

5월 어느 날부턴가는 가슴과 등짝에 심한 통증이 느껴졌다. 엎친 데 덮친 격으로 대상포진까지 온 것이다. 동네 피부과도 가고 용하다는 한의원도 가 봤지만 허리와 가슴과 등짝은 계속 아팠다. 대상포진의 고통은 밤에 특히 심했다. 잠을 이루기 어려울 정도로 계속 아팠다.

그러다가 7월에는 '신우암 3기 이상' 판정을 받고 나는 어느새 심신이 모두 크게 아픈 중증 환자가 됐다.

그나마 마음의 고통은 신앙심으로 어느 정도 극복할 수 있었다. 모든 것 주님께 맡긴다고 생각하니 한때 심했던 두려움도 곧 사라졌다. 고해와 기도 속에서 어느 정도 평정심을 되찾았다. 그것은 지금도 늘 감사하는 일이다.

그러나 항암치료를 하면서 육체적 고통은 계속 가중되었다. 대상포진 통증과 옆구리 통증이 여전한 가운데 독성 강한 항암 주사까지 맞으니 몸이 느끼는 아픔은 더욱 심해졌다. 약물치료로 대상포진의 심한 통증은 어느 정도 잡았지만, 그 후유증으로 인한 신경통은 꽤 오래갔다. 치료 과정에서 알고 보니, 오른쪽 옆구리 통증은 신장이 안 좋으면 올 수 있는 증상이라고 했다. 운동 후유증에 신장 질환이 겹쳐 한쪽 허리가 계속 아팠던 것이다.

항암치료를 하는 동안 대상포진과 허리 통증은 오히려 뒷전으로 밀리는 아픔이 되었다. 거의 5개월 동안 3주 간격으로 매번 두 차례씩 맞는 항암 주사가 내 몸 아픔의 새로운 주역이 되었다. 처음에는 속이 메스껍고 가벼운 두통과 미열이 있기도 했고, 피부 감각이 둔해지고 무뎌지기도 했다. 심한 변비 증상이 있는가 하면 수시로 소변이 마려운 빈뇨 현상도 자주 나타났다. 항암 주사뿐 아니라 면역 주사, 고용량 비타민 주사, 수액 주사 등 이런저런 주사를 자주 맞다 보니 종종 혈관통에 시달리기도 했다. 아픈 것은 아니었지만 항암 주사를 계속 맞다 보니 나중에는 탈모 현상도 나타났다. 이러다가 머리카락 다 빠지는 것 아닌가 하는 걱정도 됐다. 그러나 그렇게까지 되지는 않았다.

가장 힘들었던 때는 5차와 6차 항암치료가 진행되면서부터였다. 치료 중에도 매일 조금씩 걷는 운동을 했지만, 치료

4개월이 경과하면서부터는 그것마저 힘이 들었다. 특히 오르막길이나 계단을 오를 때 쉽게 숨이 차고 다리도 몹시 아팠다. 그새 체력이 많이 소진된 탓이었다. 얼마 못 가서 잠시 잠시 쉬거나 계단 손잡이를 잡고 걸어야 하는 신세가 되었다. 거의 탈진한 노인처럼 돼 가고 있었다. 그러다가 수술을 앞두고 한 달 이상 체력 회복을 위해 항암치료를 중단하는 기간이 있었다. 다행히도 그 기간을 지나면서 그런 증상은 조금씩 줄어들었다.

수술을 앞두고 항암치료를 중단했던 시기에는 체력이 어느 정도 회복됐다. 그러나 그 기간에도 허리와 복부 쪽 통증은 계속됐다. 담당 의사는 아마도 '신수증'(腎水症) 때문일 거라고 했다. 신수증? 처음 듣는 병명이었다. 요로와 신우가 연결된 부분이 부어서 요로를 막게 되면 신장에 물이 차서 복부 통증이 발생하고 옆구리도 아프게 된다는 것이었다. 아무튼 연초부터 몸이 아픈 것은 휴일이 없었다. 그래서 진통제 먹는 일이 많았다. 옆구리 통증도 시중에서 파는 타이레놀을 먹으면 통증이 다소 가라앉곤 했다.

우여곡절 끝에 해를 넘기며 을사년 새해 연초에 수술 날짜가 잡혔다. 수술 전에 담당 의사는 수술로 인해 있을 수 있는 모든 부정적 결과에 대해 자세히 설명해 줬다. 심하면 죽을 수도 있고, 재수술을 할 수도 있다고 했다. 나중에 알고 보니 수술 담당 의사는 여러 가능한 경우를 미리 다 얘기해 주고 환자나 보호자로부터 수술 동의서를 받는다는 것이었다. 미리 그렇게 해 둬야 나중에 무슨 일이 생겨도 크게 책임을 지지 않는다는 얘기였다. 신우암 3기 환자인 나는 살벌한 얘기를 많이 들었다. 나의 수술을 담당한 의사는 신장 쪽 수술의 대가로 알려진 분이었다. 그래서 나는 주님도 믿고 의사도 믿으면서 크게 걱정하지는 않았다.

 수술은 4시간 이상 걸렸다. 의사는 수술이 잘 됐다고 했다. 수술 후 검사 결과도 대체로 좋다고 했다. 수술 전과는 상당히 다른 분위기였다. 다만 "완치는 없다"고 했다. 수술 전에도 그런 말은 했었다. 큰 암 수술한 후 의사가 '완치'란 말을 쓰기는 상식적으로도 쉽지 않을 것이다. 암은 언제나 재발 위험이 있기 때문이다. 그리고 나의 경우, 암 관련 주요 부위는 완전히 제거했지만, 주변 림프절에 잔존 암세포가 여전히 남아 있다고 했다. 그래서 수술 후에도 항암치료를 계속해야 한다고 했다.

 내 수술도 비교적 큰 수술에 속했다. 오른쪽 신장과 요관을 제거하고 요관과 방광이 연결된 부분까지 수술하는 것이었기 때문이다. 로봇 수술과 의사의 집도 수술을 병행했다. 복부 네 군데에 구멍을 뚫어서 로봇 수술을 하고, 하복부는 집도의가 직접 칼을 대서 수술을 하는 것이었다. 전신마취를 했으니 수술은 나도 모르는 사이에 끝났다. 마취가 풀리고 깨어난 나는 회복실을 거쳐 중환자실로 옮겨졌다. 중환자실?

 오전 11시경 수술에 들어갔던 나는 다음 날 저녁때가 돼서야 중환자실에서 일반 입원실로 옮겨졌다. 중환자실에 오래 있었던 이유는 딱히 중환자여서라기보다는 일반 병실이 제때 나오지 않아서였다. 수술 후 계속 진통제가 투여되고 있었지만, 몸을 제대로 움직이기는 몹시 어려웠다. 조금만 움직여도 수술 부위가 아팠다. 그렇게 아파보기는 처음이었다. 로봇 수술을 위해 구멍을 뚫은 곳보다는 칼로 찢은 부분이 특히 아팠다. 배꼽 아래에서 하복부 끝까지는 수술 부위를 실로 꿰매 놓은 데다가 스테이플로도 다시 한 번 촘촘히 박아 놓았다. 그걸 보니 큰 수술이라는 게 실감 났다.

수술 후에도 아픔이 계속됐다. 수술 통증은 수술 전 아픔과는 또 다른 아픔이었다. 처음에는 몸을 조금만 움직여도 아팠다. 침대에서 일어날 때나 침상에 누울 때 통증이 매우 심했다. 특히 기침을 할 때는 그 아픔이 수술 부위에서 복부 전체로 심하게 퍼져 나갔다. 기침이 두려웠고 그로 인한 잠깐의 통증은 더 두려웠다.

처음에는 수액에 의존하다가 하루 뒤에는 미음이, 그리고 또 한 이틀 뒤부터는 죽이 나오더니 나흘째부터 밥이 나왔다. 식사 후에는 소화를 시키기 위해 조심스럽게 일어나 복대를 두르고 입원실 복도를 걷곤 했다. 당연히 옆에는 보호자 자격으로 아들이 늘 동행했다.

시간이 지나면서 처음에는 몸에 붙어 있던 소변줄을 떼어 내더니 그다음에는 배액관을 떼어 냈다. 그리고 나중에는 수액이나 진통제를 넣던 주사 줄도 떼어 냈다. 수술 상황에서 몸에 붙어 있던 거추장스러운 것들이 하나씩 제거되면서 조금씩 홀가분해졌다. 퇴원 전에는 수술 부위의 실밥을 풀고 스테이플도 떼어 냈다. 그러나 아픈 통증 그 자체는 떼어 내지 못했다. 여전히 수술 부위와 그 주변에서 발생하는 염증과 통증은 계속 나를 힘들게 했다.

퇴원할 때 의사는 한 이틀 뒤부터는 샤워가 가능하다고 했다. 탕에 들어가는 것은 퇴원 후 3주쯤 지나서부터 하라고 했다. 퇴원 후 집으로 돌아왔다. 아들딸과 가까운 가족의 도움으로 집에서 나름 섭생을 하면서 요양을 하고 있다. 수술 부위의 통증이 차차 가라앉으면서 조금씩은 나아지는 느낌이긴 하지만 기대한 만큼은 아니다. 여전히 통증은 남아 있고, 아픔이 사라지는 날은 아직 기약하기가 어렵다. 나이가 들어서인지 회복은 참 더디다.

아픔이 쉽게 가라앉지를 않으니 별의별 생각이 다 들었다. '수술이 잘못된 걸까? 내가 섭생을 잘못하고 있나? 수술 후 상처가 아물기도 전에 찍은 진료용 CT의 방사능 때문인가? 수술 후 여전히 남았다는 잔존 암세포가 활성화돼서 그런가? 아니면 그새 딴 데로 전이가 된 걸까? 큰 수술이었으니 회복하려면 당연히 좀 더 시간이 걸리는 걸까?' 퇴원한 지 3주가 지난 시점인데도 평소 잘 가던 대중목욕탕에는 여전히 갈 엄두가 나지를 않았다. 아무튼 아직 계속 아프기 때문에.

그래서 "아무튼 아프지 말기를!" 당부하던 친구의 신년 격려 카톡 마무리 글이 너무도 진하게 가슴에 와닿았다. 아프지 않은 날이 빨리 오기를 바랄 뿐이다. 건강이 희망이다. 그래도 조금씩 조금씩은 나아지고 있으니 머잖아 꽃피는 봄이 오면 분명 아픔을 이기고 편하게 꽃길을 걸을 수 있을 것이다.

  그래서 나는 "아무튼 아프지 말기를!" 바라던 나의 그 친구에게 "아무렴 그렇게 될 거야"라고 카톡 답장을 보냈다. 곧 그렇게 될 거라 믿으며.

(2025. 2. 4.)

아무튼 아프지 말기를!

친구가 아픈 나에게
새해 인사 겸한 격려 카톡 보냈다
말미에 당부하듯
"아무튼 아프지 말기를!"
암 수술 받은 내 맘을 명중했다

수술 전엔 병 땜에 아팠다
수술 후엔 수술 땜에 아팠다
몸이 아프니 마음도 아팠다
낮에는 깨어 있는 내내 아팠다
밤에는 자다 깨다 자주 아팠다

이 아픔 빨리 끝났으면 좋겠다
그런 날이 곧 올 것이다
건강이 더 없는 희망이다
그런 희망이
아픔을 조금씩 밀어내고 있다

멀리서 봄이 오고 있다
봄꽃이 피면 그 꽃길을
아프지 않은 몸 맘으로
온전히 걷고 싶다

그래서 친구에게 답했다
"아무렴 그렇게 될 거야"라고

(2025. 2. 2.)

이별 예감?

이날은 소식을 들은 가족들이 모두 울었다. 나만 빼고 다들 울었다. 내게 전화가 왔기에 받았더니 가족들은 죄다 울음으로 답했다. 아들은 "아버지!~" 하고 울었고, 손주들은 "할아버지!~" 하고 울었다. 아들과 손주에게 내 소식을 전한 딸은 이미 울었다.

연초에 암 수술을 하고 그로부터 스무 날 뒤에 CT를 찍었다. 또 그로부터 거의 보름 뒤에 종양내과 담당의사 진료가 있었다. 의사는 CT 영상을 이리저리 돌려 보더니 잠시 말이 없었다. 그리고는 고개를 좌우로 약간 흔들면서 말했다. "이거 전이(轉移)된 것 같네요. 폐 쪽으로. 지난번 CT 때는 작은 점이었는데 그게 많이 커진 것 같아요. 전이암 맞아요. 그리고 림프절 쪽도 많이 부었어요. 수술 때 제거하지 못한 부분이 있었는데 그것도 좀 커진 것 같아요."

순간 나는 멍해졌다. 전이라니? 나는 1월 초에 한쪽 신장과 요도를 모두 제거하는 수술을 받았다. 그때 비뇨기암센터장인 수술 담당 의사는 "수술은 잘 됐다"고 하지 않았던가? 그 수술 뒤 한동안 거동하긴 몹시 불편했지만, 곧 회복할 거라는 희망이 있었다. 상처가 아물고 건강이 회복되는 삼사월쯤에는 그동안 못 봤던 사람들도 만나고, 조금씩 활동도 재개할 수 있을 거라 생각하고 있었다. 그런데 웬걸, 전이라니?

더 큰 문제는 전이되면 예후가 좋지 않다는 것이었다. 다시 새로운 항암치료를 해야 하고 그것도 내게 약이 맞아야 치료 효과를 어느 정도 기대할 수 있다는 것이었다. 그간의 임상 결과상 긍정적인 결과가 나올 확률은 20% 내외, 80% 이상은 더욱 악화될 가능성이 높다는 얘기였다. 확률적으로 보더라도 비관적인 결과가 훨씬 높게 예측된다는 것이었다. 그런 얘기를 듣고 나니 속에서 "아~" 하는 비탄의 소리가 절로 나왔다. 같이 진료실에 들어갔던 딸 아이의 눈가에는 이미 눈물이 글썽글썽했다.

의사 소견을 듣고 딸아이는 한 발 더 나간 질문을 의사에게 했다. 그때 의사가 뭐라고 했는데 정신이 없던 나는 그걸 정확히 듣지 못했다. 그런데 의사의 답변을 듣고 딸아이는 왈칵 눈물을 쏟았다. 그때 딸이 묻고 의사가 답한 내용을 나는 지금도 확인하지 않고 있다. 여전히 그냥 추측의 영역에 남겨 두고 있다. 확인하는 것 자체가 내게 몹시 큰 심리적 부담이 될 것 같았기 때문이었다.

그때 딸은 의사에게 아빠의 생존 가능 기간을 물어본 것 같았다. 의사는 "굳이 물었으니 답을 한다면…"이란 전제하에 상당히 짧을 수도 있다는 얘기를 한 것 같았다. 얼마 정도 더 살 수 있다는 얘기를 의사가 했는지 나는 정확히 듣질 못했다. 다만 의사의 표정에도 안타까움이 잔뜩 묻어 있음이 보였다. 딸에게 "의사가 뭐라고 했니?" 하고 물어볼 수도 있었지만 나는 그런 말을 굳이 구체적으로 확인하고 싶지 않았다. 다만 기대수명이 매우 짧을 수도 있다는 말이었겠구나 하고 추측했을 뿐이었다. 어쨌든 내 심경도 그땐 매우 착잡했고 더욱 복잡해졌다.

의사에게 어설픈 인사를 하고 진료실을 나와서 나는 태연한 체하며 오히려 딸을 다독였다. 계속 새로운 항암치료, 즉 면역항암치료를 한다니 거기에 기대를 걸어보자고 했다. 긍정적인 치료 확률이 20%나 된다니 의사가 시킨 대로 치료하고 잘 관리하면 나을 수도 있는 것 아니겠냐고 했다.

그러면서도 더욱 야속하고 속상했던 것은 그간 치료하느라 아주 힘들게 보낸 시간들이었다. 항암치료를 하면서 여러 부작용 때문에 고통받았던 시간들과 수술 후에도 계속된 통증을 견디며 버텨 왔던 시간들이 한순간 물거품이 된 것 같아서 무척 괴로웠다. 그동안 헛고생을 한 것 같았다. 지난 몇 개월 동안 의사와 병원에서 시킨 대로 잘 따랐다. 매 끼니 먹는 것도 이것저것 가려가며 저염식을 유지하며 나름 잘 관리해 왔다고 생각했다. 그런데 기대한 결과가 안 나왔으니 나로서는 허탈할 수밖에 없었다. 간절한 기도에도 응답이 없는 것 같아 힘이 빠졌다.

 수술 끝나고 건강이 회복되면 그간 못 만났던 가족 친지들과 친구들, 그리고 가까운 지인들도 만나고 싶었었다, 먹고 싶어도 금지식(禁止食)이 많은 병이라서 그간 못 먹었던 것들을 수술 후엔 좀 챙겨 먹을 수 있을 거라 생각했다. 그러나 그런 기대가 무너지면서 다시 새로운 항암치료 단계로 가게 됐다. 그동안 애쓴 치료가 물거품이 되고, 앞으로의 치료 가능성도 더욱 불투명해졌으니 절망 지수가 높아진 셈이 된 것이다. 얼핏 듣기에 앞으로 살아남을 수 있는 기간도 매우 제한적이라고 한 것 같아서, 앞은 더욱 암울했다.

 그런 절망감은 그날 저녁 아들과 손주들에게 전화를 받고 더욱 심해졌다. 먼저 외국에 나가 있던 아들이 제 누나 전화를 받고 내게 전화를 하면서 "아버지!" 하고 한참을 울었다. '아버지 이제 어떻게 해요?' 하는 울음이었다. 그 뒤 딸에게서 소식을 전해 들은 어린 손주들도 전화를 했다. 걔들 역시 "할아버지!" 하면서 한참을 훌쩍였다. 딸에게서 나의 안 좋은 소식을 듣고 운 것이 분명했다. 아들과 손주들의 전화 속 울음은 안 좋다는 진료 결과보다는 내가 얼마 더 못 산다는 얘기에 대한 그들의 반응이었을 것이다. 내가 곧 죽을지도 모른다는 생각에서 아들도, 손주들도 흐느껴 울었다고 본다. 의사의 진료는 나의 여명(餘命)을 예고했고, 그들은 그로 인한 나와의 이별을 예감했던 셈이다.

나는 일순 멍했지만, 곧 마음을 다시 다잡았다. 아직 치료가 끝난 것은 아니니 끝까지 최선을 다해 보자고 마음먹었다. 그동안 매일 기도를 드려 왔고, 앞으로도 그럴 것이기 때문이었다.

"주님, 부디 치유의 은사를 내려 주시어 주님 보시기에 좋은 일꾼으로 거듭나게 하소서. 제게 더 할 일 있으면 살려 주시고, 이제 됐다 하시면 거두어 주소서. 태어날 때 이미 죽을 뻔했던 이 목숨을 이렇게 칠순까지나 살려 주고 계시니 그에 감사할 따름입니다. 모든 것 주님 뜻대로 하소서. 아멘!"

오늘도 이런 기도 속에서 열심히 운동도 하고, 하루 세 끼 식사도 잘 하고 있다. 이런 컨디션이라면 곧 나을 것 같은 그런 기분이다. 그러면 우리의 이별도 좀 더 늦춰질 수 있을 것이다. 아이들과 손주들의 한때 울음도 그땐 새로운 웃음으로 바뀔 것이다. 그러나 그 모든 건 주님의 뜻이라고 생각한다. 그래서 오늘도 같은 기도를 한다.

(2025. 3. 27.)

이별 예감?

아들딸이 울고 손주도 울었다
아빠가, 할아버지가
곧 죽을지도 모른다는 의사 말 한마디에
아이들이 전화기 너머에서 한참을 울었다

몇 개월 독한 치료받으며
살결 무뎌지고 옆구리 통증 심해지고
머리털 송송 빠졌지만
큰 수술까지 받은 이 몸의 중간 평가는
여전히 비관적이다

콩팥에 붙어 있던 암 덩어리 본진은 제거했지만
적군의 복병이 폐까지 진출했다니
그래서 나는 전혀 승리자가 되지 못했다
오히려 패색 짙다는 소식에
후방의 아이들은 이내 울었다

다시 전선 정비하며
수술 뒤 새로운 공세 취하지만

이길 확률 여전히 낮다는 의사 예고에
아이들은 울면서 여전히
나와의 이별을 예감하고 있다

그러나 나는 울지 않았다
나도 한땐 고갤 떨구었지만
이제 열심인 기도 속에서 다시 고갤 들었다

"주님 뜻대로 하소서
내게 할 일 있으면 다시 일으켜 세워 주시고
이젠 됐다 싶으시면 거두어 가소서
태어날 때 죽을 뻔했던 이 몸
칠순까지나 살리셨으니
저는 그에 오로지 감사할 따름입니다"

늘 이렇게 기도하면서도
아이들의 울음이 웃음으로 바뀌는 기대 역시
버리지 못하고 있다
아직은 이별할 때가 아니길 바라면서

(2025. 3. 27.)

되돌아보니

나는 지금 투병 중이다. 작은 병도 아니고 중병이다. 신우암 3기 판정을 받고 건강보험공단에 등록된 이른바 '중증 환자'다. 정밀검사 끝에 최종 진단을 받은 지도 벌써 8개월이 지났다. 반 년 가까이 독성 항암주사를 맞으며 여러 부작용에 시달리기도 했다. 그리고 체력을 회복해야 한다며 항암치료를 잠시 중단한 지 한 달 반가량 뒤에 수술도 받았다. 한쪽 신장과 요도를 모두 제거하는 큰 수술이었다. 로봇 수술과 집도의 수술을 병행했다. 지금 내 복부에는 로봇 수술로 뚫은 4개의 구멍과 의사가 직접 찢고 꿰맨 14센티 정도의 흉터가 선명하다. 수술한 지 3개월이 지났지만 수술 부위는 아직도 온전치 않다.

집도의는 "수술은 잘 됐다"고 했다. 그러나 그 뒤에 찍은 CT 영상을 보고 종양내과 의사는 폐와 림프절에 일부 전이가 있다고 했다. 수술 후 기대했던 결과가 나오지 않았다. 의사는 안타까워했고, 나는 실망했다.

종양내과 의사는 당초 수술 후의 두 가지 가능성을 얘기한 바 있다. 하나는 다른 데로 전이가 안 된 경우, 건강 회복을 위해 2주에 한 번씩 맞는 후항암 주사로 치료해 나가면 된다고 했다. 그게 기대했던 결과였다. 그러나 다른 데 전이가 있으면 3주에 한 번씩 맞는 면역항암 주사(키트루다)를 맞으면서 그 주사 효과를 체크해 봐야 한다고 했다. 그렇게는 안 됐으면 했는데, 결과는 그렇게 됐다. 그래서 지금 다시 면역항암 주사를 맞으며 치료 중에 있다. 의사 말로는 수술했어도 전이암이 있으면 "4기"라고 했다. 3기암 환자였던 내가 수술 후에 오히려 4기암 환자가 된 것이다.

그 뒤 나는 면역항암치료를 받고 있다. 나는 진단 결과에 실망했지만 절망까지는 하지 않았다. 나는 다시 항암치료를 하면서 곧바로 김포에 있는 한방병원에 입원했다. 보완 치료와 자기 관리를 더 잘 해야겠다는 생각에서였다. 암 환자 전담 한방병원에 입원하면 우선 번거로운 일상에서 벗어날 수 있다. 먹는 것과 자는 것을 쉽게 해결할 수 있고, 면역력을 높이는 여러 보조 치료도 받을 수 있다. 또 바로 곁에 양의와 한의가 모두 있어서 필요할 때 건강 체크를 하고 응급 조치도 받을 수 있기 때문이었다.

그런 탓인지 입원한 지 한 달 반이 넘었는데 몸 컨디션은 잘 유지하고 있다. 면역항암치료에 따른 특별한 부작용은 없고, 하루 만 보 이상 걷기나 스트레칭 등 적당한 운동도 매일 꾸준히 하고 있다. 아직은 폐에 이상이 있다는 느낌은 없고 어딘가 새로 아픈 데가 있는 것도 아니다. 다만 수술 부위가 여전히 완전치 않아서 다소 불편함을 느끼는 정도이다. 그것만 완전히 아물면 정상적인 활동도 할 수 있을 것 같은 그런 기분이다.

면역항암치료와 한방병원 요양 생활을 하면서 나는 걷기 운동과 기도도 열심히 하고 있다. 어느 날 걸으면서 기도를 하던 내게 문득 새로운 생각이 떠올랐다. 지금의 나는 누구인가? 지금의 내 삶은 어떤 의미가 있는 것인가? 뭐, 그런 자문(自問)이었다.

나는 지금 나이 일흔이 거의 다 된 중환자이다. 그건 엄연한 사실이다. 게다가 항암치료까지 받았는데 별로 효과가 없어서 곧 죽을 수도 있는 그런 말기암 환자이다. 이 또한 사실이다. 의학적으로 나는 사형 선고를 받고 있는 셈이다. 다만 그 집행이 얼마나 유예될지 그게 불확실할 뿐이다. 그러니 이렇게 치료를 받다가 완전히 낫기보다는 오히려 죽을 가능성이 더 높은 그런 존재이다. 그런데 죽더라도 살 만큼 살았으니 요절하는 것은 아니다. 요즘 남자 평균 수명보다는 쬐끔 일찍 가는 것이다. 조금 아쉬울 뿐 크게 보면 오십보백보다.

이처럼 처음에는 죽음에 좀 더 가까이 가 있는 나 자신에 신경이 꽤 쓰였다. 인간적으로 좀 아쉽고, 자식들에게는 좀 미안한 생각도 들었다. 특히 10년 전 아내가 세상을 먼저 떠났고, 아직 결혼하지 않은 아들이 있어 그놈 장가도 못 보내고 내가 가는 것 아닌가 하는 다소 안타까운 마음이 있기도 했다.

그러나 지나온 과거를 크게 뒤돌아보니 그렇게 자책하거나 망연자실할 일은 아니라는 생각이 들었다. 특히 기도하는 시간에 그런 생각이 강하게 들었다.

유레카! 이제 나에게 새로운 시간이 온 것이다. 나는 지금 전혀 새로운 경험을 하고 있고, 그런 경험 속에서 새로운 생각도 하고 있고, 다른 모든 이들과도 새로운 관계를 정립해 나가는 지점에 도달해 있는 셈이다. 어느 순간 나는 이제 새로운 차원의 시간과 경험과 관계 속에 놓인 존재라는 생각이 들었다. 그런 생각 속에서 나 자신을 다시 인식하고 해석하고 평가하면서 내 나름의 새로운 소명을 찾아야겠다는 다짐을 하게 되었다.

그리고 그런 생각과 다짐 속에서 주님을 빼 놓고 생각할 수 없는 나 자신을 발견하게 되었다. 매일 하는 기도 속에서 환자인 나는 치유자이자 위로자로서의 주님께 간구하기도 하지만, 내 삶의 창조자이자 설계자로서의 주님 또한 생각하지 않을 수 없게 되었다.

주님이 왜 나를 이 세상에 존재하게 하셨고, 그동안 내게 무엇을 하게 하셨으며, 왜 지금 나를 이런 환자 되게 하셨을까를 생각하게 된 것이다. 분명 이유가 있을 것이다. 내가 지금 이렇게 큰 병을 앓고 치료를 받고, 또 치료의 난항을 겪고 있는 것조차도 분명 이유가 있을 것이라 생각했다. 그것마저도 주님의 뜻하시는 바 안에서 이루어지는 것이라고 생각하니 마음이 점차 편해졌다. 몸은 때때로 아파도, 마음은 주님 안에서 편안했다.

내 삶의 창조자이신 주님 안에서 지금의 나는 주님의 어떤 설계 안에 있는 것인가? 곧 있을 죽음을 기다리는 환자인가, 아니면 인생의 막바지에 하나의 큰 시련을 주시고, 믿음 가운데서 이를 이겨내는 한 증거가 되게 하시려는 건가? 나로서는 알 수 없는 일이니 주님의 설계 안에서 그에 따를 수밖에 없을 것이다.

주님은 이미 나의 출생 때부터 관여하셨다. 생명이 위태로웠던 모친의 응급 제왕절개 수술 결에 때 이른 팔삭둥이로 태어났던 내가 아니던가? 의사는 당시 산모와 아이가 둘 다 죽을 수도 있는 상황이었다고 했다는데 다행히 모친도 나도 둘 다 살아났다. 태어날 때 이미 죽을 뻔했던 내가 무사히 살아났던 것이다. 살갗도 제대로 여물지 못한 핏덩이로 태어나 사람 구실이나 제대로 할까 했는데, 그 뒤 남 못지않게, 아니 남달리 잘 자란 내가 아니었던가? 이미 나는 주님의 설계 안에서 출생과 성장기에 큰 은혜를 입었다.

게다가 나는 대학을 나와 박사까지 했고, 명예교수로 정년까지 했으니 이런 홍복이 어디 있는가? 비록 나보다 먼저 하늘나라로 되돌아갔지만 이쁘고 총명한 선녀 같은 아내를 얻어 아들딸 고루 낳아 수십 년을 같이 잘 살기도 했다. 이 또한 가난뱅이 나무꾼이나 다름없었던 나로서는 주님께 너무도 감사할 일이었다. 게다가 믿음도 약하고 어느 모로 보나 자격이 안 되는 내게 교회는 크고 작은 봉사직을 주어 일하게도 하였으니, 주님의 은총 또한 한량없다 할 것이다. 어떤 때는 성지 순례 기도 속에 내 아픈 몸을 낫게 하는 기적까지도 있었다. 참으로 신묘한 경험이었다.

되돌아보니 태어날 때 이미 죽을 뻔했던 나를 일흔 가까이 까지 잘 살게 하셨으니 주님은 내게 많은 복을 주신 것이다. 살면서 간간이 힘겨운 고난도 있었지만 결국은 그것마저 이겨내게 하신 것 또한 내 복이었다. 주님은 늘 나와 함께 하시며 내 삶을 인도하시고 축복해 주셨다. 지금 내가 아픈 것은 분명 주님의 설계 안에 있는 나의 또 다른 시련이라 생각된다.

지금 주님의 계획을 나는 모른다. "네게 할 일이 더 있다" 하시면 나를 낫게 하실 것이다. "너는 이제 그만 됐다" 하시면 나를 불러 주실 것이다. 선택은 주님이 하시는 것이고 나는 오로지 순명할 것이다. 일찍 부르시면 아내에게 가서 좋고, 좀 더 살게 하시면 자식들과 함께 있어 좋은 것 아닌가.

앞으로 내가 어떻게 될지, 나에 대한 주님의 마지막 계획과 설계가 참 궁금하다. 나도 나를 흥미롭게 지켜볼 참이다. 물론 기도하는 마음속에서.

(2025. 4. 1.)

되돌아보니

나는 지금 중증 암 환자
치료에서 수술까지 고생 좀 했네
수술 잘 됐다는 의사 말에
이젠 나아지나 했네만
사진 찍어 보니 전이되어
딴 치료 또 해야 한다네
이러다 죽나 아니면 나아지나
알 길이 없네
소식 듣고 우는 애들 보니
나아지긴 힘든가 봐
그런 생각 속 며칠 동안 잠 못 이루었네

근데 그건 아냐
되돌아보니 주님 설계 속 은혜가 충만했네
태어날 때 죽을 뻔 목숨 주님이 살리셨고
일흔에 가깝도록 몸 맘 건강에
명예까지 주셨으니
이걸로도 이미 충분 감사하옵네
가난한 나무꾼이 선녀 같은 아내 만나

별 같은 아들
달 같은 딸 낳고
수십 년을 살았으니
이 또한 여한 없네

내 아픈 것도 주님 설계 속
또 다른 시련일지 몰라
아직 할 일 있다 하면 낫게 하실 거고
이제 됐다 하면 부르실 것이라
죽고 사는 것은 주님 뜻에 맡길 일이네

죽으면 먼저 간 아내 만나 좋고
좀 더 살면 아들딸 함께 해서 좋으니
살고 죽는 것에 연연할 일은 아닌 것 같네

되돌아보니 주님의 뜻 안에서 나고 살았으니
모든 것 주님께 맡기기로 했네
그리 생각하니 몸과 맘 모두 편해지네
이젠 잠도 잘 오네
다가올 내 운명 궁금하여 흥미롭기까지 하네

(2025. 4. 1.)

가족 사진

얼마 전에 가족 사진을 찍었다. 내가 한창 항암치료를 받고 있던 중이었다. 내가 넌지시 가족 사진 얘기를 꺼냈는데 아이들은 생각보다 빨리 움직였다. 옆에서 보니 아들은 금세 인터넷으로 시내 사진관을 검색했다. 가까운 지인들에게 사진관 추천을 받기도 했다. 그러더니 강남에 있는 사진관 하나를 예약했다. 그 사진관을 이용한 적이 있는 친구 가족 모두가 만족했다고 하면서.

그 결정에 따라 딸네 식구들에게도 연락이 가서 예약일에 모두 만나 사진도 찍고 저녁도 같이 하기로 했다. 가족 사진은 나와 아직 미혼인 아들, 그리고 딸네 부부와 손주 둘 합쳐 모두 여섯 명이 찍기로 했다. 아내가 오래전 세상을 떠났으니 그게 가장 가까운 우리 가족이었다.

그처럼 가족 사진을 찍게 된 것은 내 병(病) 때문이었다. 암 치료를 받고 있던 내가 가족 사진 찍자고 먼저 말을 했던 것이다. 언제 어떻게 될지 모르는 중증 환자였기에 죽기 전에 가족 사진 하나는 남겨 둬야겠다는 생각 때문이었다. 치료 한 달쯤이 지나니 심한 탈모 현상도 생기고 해서 더욱 그랬다. 머리카락도 쉬 탈색되어 흰머리가 금세 늘어났다. 더 몰골이 되기 전에, 혹여 민머리나 허연 백발이 되기 전에 사진이라도 미리 찍어 둬야겠다고 생각했다.

그러고 보니 사진관에서 가족 사진 찍은 지가 20년도 넘은 것 같다. 카메라나 핸드폰으로 가족들 스냅 사진 찍은 것은 많지만, 사진관 가족 사진은 참 오랜만이었다. 그 전 가족 사진은 2000년 무렵 우리 부부와 아들딸, 그리고 같이 사시는 장모님과 함께 찍었었다. 아직도 그 사진은 거실 한쪽에 걸려 있다. 그 뒤 사진 속 아내는 하늘나라로 갔고, 100세가 넘으신 장모님은 이제 의료용 침대를 벗어날 수 없는 몸이 되었다. 그 두 사람이 빠진 가족 사진에는 새 식구가 된 사위와 손주 둘이 새로 자리를 채웠다.

그러고 보니 내 기억 속에 자리 잡은 가족 사진은 나름의 역사를 갖고 계속 이어져 왔다. 아내와 장모님과 함께 찍었던 가족 사진에는 내 부모님이 없다. 이미 오래전에 돌아가셨기 때문이다. 그 이전의 사진관 가족 사진은 한참 전인 내가 고등학교 시절인 1970년대에 찍은 것이다. 부모님과 우리 5형제가 함께 사진을 찍었다. 당시는 경제적으로 매우 힘든 시절이었는데 어쩌다 나보다 17살 차이 나는 막내가 태어나서 동생 돌 사진을 찍으면서 기념으로 가족 전체가 사진을 찍었다. 물론 가족애(家族愛)가 물씬 느껴지는 사진이다. 그러나 그 사진에는 안쓰럽고 아픈 추억이 함께 배어 있다. 당시의 가난하고 어려웠던 가족 생활상이 사진 속 표정이나 의상에서도 그대로 묻어난다. 사진을 찍고 얼마 안 돼 부모님은 모두 돌아가셨다. 두 분 다 50대 중반의 연세였다. 그러니 그 사진은 안타깝고 슬픈 시절의 가족사를 반추하게 하는 사진이다. 너무도 젊은 나이에 세상 떠나셨으니 맏이인 나는 비교적 어린 나이에 가장(家長) 역할을 하게 됐다. 그래서 귀하지만 한편으론 아픈 사진이다.

내가 제일 좋아하는 가족 사진은 초등학교 시절에 찍은 사진이다. 부모님과 당시 4형제가 찍은 사진이다. 1960년대 사진인데도 사진 속 가족들 모습에선 상당히 모던한 귀티가 난다. 아버지와 어머니 전성기 때 찍은 사진이라 그런 모양이다. 입은 옷들도 매우 고급스럽고 단정하다. 어른 아이 할 것 없이 모두 인물도 훤하다. 딱 봐도 좀 사는 집 사람들 느낌이 난다. 그래선지 그게 나의 최애(最愛) 가족 사진이다. 어릴 때 고향에서 나름 여유롭게 잘 살았던 시절의 가족 사진이다. 성공 시대의 가족 사진이니 그 사진은 나의 좋은 추억이기도 하고, 우리 가족의 오래된 자부심이기도 했다. 지금까지도 여전히 그러하다.

그러다가 1960년대 말 아버지 하시는 일이 잘 안됐다. 한마디로 망한 것이다. 우리 가족은 무작정 상경하다시피 하며 고향을 떠나 서울로 왔다. 그리고 그때부터 꽤 긴 기간 많은 어려움을 겪어야 했다. 거의 6개월이나 1년에 한 번씩 이사를 해야 하는 떠돌이 생활이었다. 그런 와중에 막내 동생이 태어났고 그 아이 돌 사진 찍는 날이 가족 사진 찍는 날이 되었다. 그 뒤 부모님과 우리 형제들은 그때처럼 완전체로 가족 사진을 찍지 못했다. 그래서 그 사진은 어려운 시절의 마지막 가족 사진이자 서울 와서 찍은 유일한 가족 사진이 됐다. 이후로 사진관에서 찍은 나의 가족 사진은 아내와 장모님과 같이 찍은 것과 최근에 내가 아파서 찍게 된 것이 전부이다.

물론 우리 집 소(小)가족 사진은 흔치 않지만, 대가족 사진은 적지 않다. 바로 집안 결혼 사진이 그런 사진이다. 친형제나 사촌 형제들 결혼 때는 대가족이 모인다. 그때는 많이 모인다. 요즘 결혼 풍속이 많이 바뀌고 있지만, 여전히 결혼식 끝나면 대부분 가족 사진 촬영은 한다. 사진 속에는 양가의 신랑 신부와 부모 형제들은 물론 집안 어른들과 조카, 손주들까지도 있다. 나도 형제들이 많으니 그런 결혼식 대가족 사진은 좀 있다.

그런 사진들을 한데 모아서 시간의 흐름에 따라 쭉 훑어보면 여러 감정이 교차한다. 거기서도 가족사의 크고 작은 변천사가 읽혀지기 때문이다. 특히 마음 아픈 것은 해가 갈수록 사진 속에 전엔 계시던 분들이 한 분씩 보이지 않는다는 점이다. 좀 오래된 어떤 사진에서는 돌아가신 분이 절반 넘는 경우도 있다. 지난해 결혼식 때 봤던 분이 이듬해 결혼식 사진에서는 보이지 않는 경우도 있었다.

결혼식장에서 찍는 대가족 사진은 가족들이 공유하더라도 대개 앨범이나 서랍 속에 보관된다. 거실에 걸어 두거나 지갑에 넣고 다니는 가족 사진은 대부분 가장 가까운 소가족 사진이다. 그런 가족 사진은 주로 부모와 자식이 같이 찍은 것이다. 손주 입장에서는 할아버지와 함께 찍는 경우도 있고, 할아버지 입장에서는 손주와 같이 찍는 사진도 있다. 결혼하면 사위나 며느리하고도 같이 찍는다. 형제자매가 많으면 등장인물은 그만큼 늘어난다. 어쨌든 전형적인 가족 사진은 부모와 자식이 함께 찍는 사진이다.

부모 형제와 함께 찍은 나의 1960년대 가족 사진에서 느끼는 추억과 1970년대 가족 사진에서 느껴지는 감흥은 매우 다르다. 60년대 가족 사진은 좋은 추억 속에 자부심까지 느껴지는 가족 사진이고, 70년대 가족 사진은 어려움과 안타까움을 상기시키는 시절의 가족 사진이다. 2000년경에 찍었던 나의 가족 사진과 최근에 찍은 가족 사진도 느낌이 크게 다르다. 2000년경 사진은 아내와 함께 했던 완전체 건강

가족의 사진이었지만, 최근에 찍은 가족 사진은 아내가 없고 나도 병든 채 자식들과 찍은 사진이다. 함께 찍은 자식들도 표정으로는 한껏 웃고 있지만 사진 속 엄마의 부재(不在)가 마음 아팠을 것이다.

나의 만류에도 불구하고 한 달 뒤쯤 자식들이 내 칠순 잔치를 준비한단다. 그날은 아들과 딸네 가족들은 물론, 내 5형제 가족들이 모두 함께 한다고 한다. 같이 어울려 밥도 먹고 함께 놀면서 단합대회도 한다고 한다. 그리고 같이 가족 사진도 찍게 될 것이다. 이번에 찍게 될 가족 사진은 잔치에 온 모두에게 기쁘고 유쾌한 추억으로 회상되는 대가족 사진이었으면 좋겠다. 그리고 형제들 가족 모두 열심히 잘 살아서 좋은 추억으로 느껴지는 그런 가족 사진들 많이 찍었으면 좋겠다.

최근에 자식들과 찍은 나의 가족 사진이 부모 모두의 부재를 회억(回憶)하며 아파하는 마지막 사진이 아니길 바란다. 지금 그 사진이 내 방에 걸려 있다. 함께 찍은 자식들과 사위, 손주들을 보면 마음 든든하고 뿌듯하지만, 아내가 빠진 그 사진을 보니 옆구리가 참 시리다. 아내가 보고 싶다.

(2025. 6. 7.)

1960년대 막내가 태어나기 전 부모님과 4형제 가족 사진(위)
2025년 7월 칠순 모임에 함께 한 독수리 5형제(아래)

2000년경 아내, 장모님과 함께 찍은 가족 사진(위)
2025년 아내 없는 가족 사진(아래)

가족 사진 1

암 치료 중인 나
가족 사진 찍기로 했다

언제 죽을지 몰라
가족 사진 찍자고 했다

아내 살았을 때 찍은 사진
스무 해도 넘었구나
거실 벽 사진 속엔 아내 아직 웃고 있다

아들이 예약하고 딸네 가족 함께 하여
오랜만에 가족 사진 새로 하나 찍었다

모두 함께 미소 띠며 정겹게 찍었건만
아내 없는 사진이라 내 옆구린 시려 온다

가족 사진 2

어릴 때 부모 형제 고향에서 찍은 사진
옷 좋고 얼굴 반반 귀티 난다 하였건만
아부지 사업 망해 서울 와서 찍은 사진
사진에도 힘든 시절 안타깝게 서려 있네

부모님과 찍은 사진 좋을 때도 있었지만
부모님과 함께 사진 힘들 때도 있었구나
좋을 때나 힘들 때나 부모 있어 좋았건만
일찍 여읜 부모님은 사진 속에 이제 없네

부모 없고 아내 없고 아이들과 찍은 사진
나마저 몸이 아파 죽기 전에 찍자 했네
삶의 이력 가족 사정 사진 속에 드러나니
가족 모두 건강하게 잘 살고 볼 일이네

(2025. 6. 8.)

부활

딱 1년 전에 나는 CT 검사 결과 신우암 3기 진단을 받았다. 그리고 그로부터 1년 후인 오늘 PET-CT 검사 결과, 의사로부터 "드라마틱하게 좋아졌다"는 얘기를 들었다. 그제야 '이젠 됐구나' 하는 생각이 들면서 정말 기뻤다.

두 달 전에도 같은 의사로부터 좋아지고 있다는 얘기를 들었다. 그때도 물론 기뻤다. 그러나 이번만큼 그렇게 기쁜 것은 아니었다. 기쁜 마음에도 불구하고 그때는 상태 호전에 대한 확실한 믿음이 부족했기 때문이었다. 나아지고는 있지만 지속적인 것인지, 아니면 일시적인 것인지도 불확실했다. 그때는 조영제를 쓰지 않은 데다가 복부와 흉부 등 몇 군데만 간단히 CT를 찍었기 때문에 몸 전체의 상태를 확인한 것도 아니었다. 혹시 그새 다른 곳으로 전이되었을지도 모른다는 생각이 늘 따라다녔다. 허리가 불편하면 허리 쪽에, 척추가 불편하면 척추 어딘가에 전이돼서 나타나는 불편이 아닌가 걱정하기도 했다. 가끔 기침이라도 하는 날에는 폐 쪽 전이나 확대를 우려하기도 했다. 그때는 부작용이 걱정돼서 조영제를 쓰지 않아 보다 선명한 영상을 보지 못한 것 아닌가 하는 염려도 있었다.

그런데 이번엔 달랐다. CT 찍기 전에 조영제 주사도 맞았다. 게다가 몸 전체를 세세하게 찍는 PET-CT 전신종양촬영을 했기 때문이었다. 그래서 그 결과는 매우 믿을 만한 것이었다. 모니터에 뜬 영상을 보여 주던 담당 의사는 밝게 웃으며 "드라마틱하게 좋아졌다"고 말했다. 그 얘기를 듣고 진료실에 함께 들어갔던 아들과 딸이 한껏 웃었다. 물론 내 얼굴에도 만족한 미소가 흘렀다. '이젠 됐구나' '계속 이대로 잘 관리해 나가면 되겠구나' 하는 생각이 미소와 겹쳐졌다.

진료실을 나온 딸과 아들은 나를 꼭 껴안으며 축하한다고 했다. 나는 그간 마음 써 주고 고생했던 아이들에게 애썼다고 했다. 축하 파티라도 하자면서, 곧바로 병원에서의 다음 절차를 이어 갔다. 3주에 한 번씩 맞아야 하는 면역항암주사(키트루다)는 그래도 계속 맞아야 했기 때문이었다.

병원을 나온 뒤 아이들과 축하 점심을 같이 했다. 그리고 시내 숙소(오피스텔)로 돌아와 이런저런 얘기를 한참 하다가 아이들은 각자 제 갈 길로 돌아갔다. 그때부터 나는 집안 어른들과 성당 신부님, 그리고 가까운 지인들과 친구들에게 당일 희소식을 카톡이나 문자로 알렸다. 그간 같이 걱정하면서 기도해 주고 격려해 주고 성원해 준 데 대해 고맙다는 인사도 물론 했다. 모두들 기쁜 마음으로 "다행이다" "축하한다"며 화답해 줬다.

신부님 한 분은 의사의 "드라마틱하게 좋아졌다"는 그 말은 다른 말로 "기적이 일어났다"라는 말이라고 풀이해 주셨다. 신앙심이 깊은 한 후배 교수도 "그건 기적이에요"라고 답해줬다. 나도 그렇게 생각하고 또 그렇게 믿었다.

작년 6월 암 진단 결과가 나온 이후, 올해 2월까지도 나는 의사로부터 진료 때마다 계속 안 좋다는 얘기를 들어 왔다. 1월 초의 수술 직후 "수술 잘 됐다"는 집도의의 긍정적인 말이 있었지만, 그것도 잠깐. 2월에 찍은 CT에서 폐와 림프절에 전이가 발견된다는 비보(悲報)를 들었다. 더군다나 다시 다른 약으로 항암치료를 해야 한다던 의사는 예후가 좋지 않다며 비관적인 전망을 얘기했었다. 그래프로 따지면 4월 이전까지만 해도 내 상태에 대한 진단 결과는 계속 '우하향'하는 추세에 있었다. 그러다가 4월 들어, 좋아지고 있다는 결과를 처음으로 듣게 되었고, 6월 중순에 그러한 추세가 보다 분명히 재확인된 것이다. 그래프는 바닥을 찍고 '우상향'의 긍정적 흐름을 타게 된 것이다.

그걸 의사는 "드라마틱하게 좋아졌다"고 했고, 신부님은 "기적"이라고 했다. 좋아졌다는 의사의 말을 듣고 나는 바로 의사에게 감사하다고 말했고, 동시에 마음속으론 하느님께 감사했다. 그리고 그동안 나를 위해 격려해 주고 기도해 주고 성원해 준 주변 사람들에게 말과 글로 감사를 드렸다. 그러한 말과 글에는 당연히 감사의 마음도 짙게 담겨 있었다.

드라마틱하게 좋아졌다는 '기적'에서 나는 자신이 거듭나는 부활의 느낌을 강하게 받았다. 죽었다가 다시 살아난 것은 아니지만, '치유를 통한 거듭남'을 생생히 느꼈기 때문이다. 죽을 뻔하다가 다시 극적으로 회복되는 은총을 받았기 때문이다. 나는 매일 아침저녁으로 기도했다. 절실한 마음으로 기도했다. 기도 속에는 당연히 치유를 기원하는 기도도 있었다. "주님! 부디 치유의 은사를 내려주시어, 주님 보시기에 좋은 일꾼으로 거듭나게 하소서!"라고 기도했다. 매일 그렇게 기도했다. 그 기도 속에는 치유에 대한 간절한 소망과 거듭남에 대한 절실한 간구가 새겨져 있었다. 좋은 일꾼으로 거듭날 수 있다면 그것이 곧 부활이 아니겠는가 생각했다.

지금의 치료 경험을 계속 이어가면 곧 완치되는 날이 올 것이다. 그런 희망 속에서 나는 내 나름의 부활을 꿈꾸고 있다. 아니 그런 부활을 지금 직접 체험하고 있다. 암 진단 만 1년이 되는 오늘, 주께 감사드리며.

(2025. 6. 20.)

부활

나는 중증 암 환자
지난 한 해 너무 힘들었네

독성항암치료
큰 수술
전이암 발견
또 면역항암치료

의사는 한때
"올해 넘기기 어려울지 모른다"고 했네

힘든 시간이 흘렀네
그동안 난 매일 기도했네
"주님! 부디 치유의 은사 내려 주시어,
주님 보시기에 좋은 일꾼으로 거듭나게 하소서!"

기도에 응답이 왔네
의사는 "드라마틱하게 좋아졌다" 했고
신부님은 그걸 "기적"이라 했네

병이 나아 좋은 일꾼 될 수 있다면
난 그게 '부활'이라 생각하네

지금 난
그런 부활을 꿈꾸고 있네

(2025. 6. 20.)

감사하지 않을 수 없네

오늘은 내가 최종적으로 암 판정을 받은 지 딱 1년 되는 날이다. 판정받은 날 나는 바로 '중증 환자'로 등록되었다. 그로부터 닷새 뒤부터 항암치료에 들어갔다. 그리고 약 6개월 뒤 수술을 받았고, 치료 후 10개월 뒤에 처음으로 상태가 호전되고 있다는 종양내과 담당 의사의 말을 들었다. 그로부터 두 달 뒤 그 의사는 "드라마틱하게 좋아졌다"면서 웃으며 말했고, 그 말을 전해들은 신부님은 그걸 '기적'이라고 했다.

아직 여전히 치료 중이지만 기쁘고 감사한 일이 아닐 수 없다. 수술 전후에 수술 담당 의사가 "완치란 없다"고 했지만, 기적 같이 좋아지고 있다는 데 감사하지 않을 수 없다. 감사하는 마음에 기도가 절로 나온다.

지난 1년을 돌이켜 보니 힘들고 어려운 일, 아프고 고통스러운 일들이 참 많았다. 큰 병고에 시달리니 당연했다. 그런 힘든 여정을 거쳐 이제 좋아지고 있다니 그간의 많은 일들이 뇌리를 스쳐 지나간다. 그러면서 무엇 때문에 좋아졌을까를 생각한다. 좋아지고 있는 원인과 이유도 많은 것 같다. 물론 발달한 의술과 좋은 약, 그리고 전문적인 의사 덕분에도 분명 좋아졌을 것이다.

그러나 무엇보다도 매일매일의 기도에 응답해 주신 주님께 먼저 감사하지 않을 수 없다. 암 선고를 받고 명동성당을 찾아가 고해하고 기도했을 때 주님은 위로와 함께 마음의 평정을 주셨다. 그 뒤 모든 것을 주님께 맡기니 몸은 아파도 마음은 크게 흔들리지 않았다. 틈틈이 읽는 성경도 큰 힘이 되었다. "용기를 내어라. 나다. 그리고 두려워하지 마라"(마르코 6:50) 하셔서 긴 시간 두려움 없이 용기를 내었다. 그래서 큰 힘이 되었다. "그분께서는 아프게 하시지만 상처를 싸매 주시고 때리시지만 손수 치유해 주신다"(욥기 5:18)고 하셔서 병 나음에 대한 믿음으로 기도했더니, 아픔을 딛고 일어설 수 있었다. "우리는 고통을 당하면서도 기뻐합니다. 고통은 인내를 낳고 인내는 시련을 이겨내는 끈기를 낳고 그러한 끈기는 희망을 낳는다는 것을 우리는 알고 있습니다"(로마서 5:3~4)라고 해서 고통을 참아내고 끈기 있게 시련을 이겨내다 보니 희망이 생겼던 것이다. 그런 희망이 치유로 이어진 것이라 믿는다. "어떠한 경우에든 감사하는 마음으로 기도하고 간구하며 여러분의 소원을 하느님께 아뢰십시오. 그러면… 여러분의 마음과 생각을 그리스도 예수님 안에서 지켜 줄 것입니다"(필리피서 4:6~7).

나는 그간의 치유 경험을 통해 고통이 인내를 낳고 인내가 끈기를 낳고 끈기가 희망을 낳는다는 말이나, 감사하는 마음으로 기도하면 예수님이 나를 지켜 주신다는 것을 체험적으로 실감하고 있다. 정말 감사할 일이다. 감사의 기도를 아니 할 수 없다.

당연히 의료진에게도 감사하지 않을 수 없다. 병원을 가면 늘 복잡하고 분주하다. 요즘의 암병원은 거의 늘 만원이다. 예약된 시간에 가도 더 기다리는 경우가 많다. 의사별로 예약 환자가 많고 진료도 대부분 예상 시간을 초과한다. 그러다 보니 항상 밀리게 된다. 그럼에도 불구하고 담당 의사와 간호사는 늘 친절하게 대해 준다. 진료 결과가 좋으면 같이 웃어 주고, 그렇지 않으면 함께 안타까워하며 힘들어한다. 내 담당 의사는 더 그런 것 같다. 한때 같이 힘들어했다가 이제 "드라마틱하게 좋아졌다"며 함께 기뻐해 주니 너무 고맙다. 어려운 수술 잘 해 주고, 정확한 진단과 처방을 해서 몸이 좋아지게 해 주니 더욱 고맙다. 이 또한 감사하지 않을 수 없다. 암 치료 외에 나름의 요양과 면역 강화를 위해 서울 인근 한방병원 신세를 몇 개월 지기도 했다. 특히 김포에 있는 S한방병원 원장님과 간호(조무)사 분들의 따뜻한 배려와 정성어린 도움도 잊을 수가 없다. 이 또한 감사할 일이다.

우리 아이들에게도 고마운 마음을 전하지 않을 수 없다. 엄마가 먼저 하늘나라로 갔는데, 아빠마저 중병에 걸렸다니 얼마나 놀라고 마음 아팠을까를 생각해 본다. 한때 의사 선생님이 수술 후에도 암이 전이되어 후속 치료가 제대로 안 되면 내가 곧 죽을 수도 있다는 말에 아이들이 울고 손주들이 울던 때가 기억난다. 그때를 생각하면 이제사 나도 눈물이 난다. (외)할머니 모신다고 안 그래도 힘이 들던 아이들인데 아빠마저 침상에 누워 있는 꼴을 보고 얼마나 힘들고 괴로웠을까? 그래서 나도 눈물이 난다. 좋아졌다는 의사의 말에 아이들과 나의 울음이 웃음으로 바뀌어 참 다행이 아닐 수 없다. 감사한 일이다. 아이들은 내가 꼭 다 나아야 할 가장 큰 이유이기도 하다.

지난 1년 병고를 치루면서 참 많은 사람들의 도움을 받았다. 그런 도움이 나에게 크고 작은 힘이 되었다. 나는 아픈 직후부터 투병일지를 썼다. 아픔과 치료 과정에 대한 감상을 쓴 게 아니라 문자 그대로 일지(日誌)를 썼다. 그날 몇 시에 뭘 했고 뭘 먹었고 무슨 치료를 했고… 뭐 그런 것이다. 그리고 그날그날 나의 안부를 묻거나 격려와 조언을 해 준 분들이 누구인지도 적었다. 카톡이나 문자를 보내 준 사람, 전화를 해 준 사람, 직접 병문안을 와 준 사람, 만나서 식당에서 식사를 같이 한 사람, 몸에 좋다고 이런저런 먹거리를 보내 준 사람, 간혹 먹는 것 잘 챙겨 먹으라면서 '작은 마음'을 전해 준 사람, 그리고 나를 위해 기도해 준 사람들, 가족,

친척, 친구, 선후배와 주변 동료들, 은사님과 제자들, 아내 지인들, 신부님들과 성당 교우분들….

1년이 지나고 되짚어 보니 참 많은 사람들에게 나는 크고 작은 신세를 졌다. 일일이 이름과 관계를 나열하기 어려울 정도다. 그들 덕분에 어려움을 이겨낼 수 있었다. 너무도 고마운 일이다. 그런 나의 경험 속에서 나는 반성도 했다. 누가 아플 때 내가 얼마나 위로와 격려를 해 주고 실질적인 도움을 주었을까를 생각하니 내 얼굴이 빨개졌다. 주변의 힘든 사람들에게 어떻게 하는 게 진정 도움이 되고 격려가 되고 힘이 되는지를 실감했다. 많이 배운 것이다.

비록 힘든 시간을 보냈지만 그동안 내게 아무런 연락을 안 한 사람들도 어느 정도는 이해할 수 있었다. 암 환자를 직접 찾아가는 것은 물론 전화나 카톡을 하는 것도 어떤 이에게는 힘든 일이 될 수 있겠다는 것을 알았다. 환자의 상태를 잘 모르는 상태에서 불쑥 전화를 한다는 게 부담스러울 수 있다는 것이다. 그런 연락을 하려고 하다가도 정작 무슨 말을 해야 좋을지 몰라서 결국 연락을 못 하는 경우도 있었다고 들었다. 대신 마음으로 염려하면서 나의 쾌유를 위해 조용히 기도해 줬을 많은 분들도 있었을 것이다. 그들에게도 감사할 일이다. 하늘나라에 가 있는 아내도 나를 위해 하느님께 기도했을 것이다.

중증 암 환자로 지낸 지 1년 동안 나라의 덕도 보았다. 나같은 환자에게는 정말 '우리나라 좋은 나라!'다. 중증 환자로 등록되면 본인은 의료비의 5%만 내면 된다. 물론 5년 동안이라고 한다. 실제 의료비 청구서에 나온 금액은 개인이 감당하기 어려운 액수였다. 항암주사 한 번 맞는 데도 수백만 원이 든다. 그런데 환자는 진료비와 (일부 건강보험 적용을 받지 못하는 비급여를 제외한) 수술비와 치료비, 그리고 약값의 5%만 내면 된다. 나머지는 나라의 의료보험공단에서 부담해 준다. 이 얼마나 큰 의료혜택인가? 이런 제도를 시행하고 있는 나라와 그것을 가능하게 했던 사람들의 지혜와 노고에도 참으로 감사할 일이다.

　감사할 사람과 감사할 일이 이렇게 많은데 어찌 내가 낫지 않을 수 있겠는가? 내가 아프다는 소식을 듣고 참 많은 사람들이 연락을 주고 찾아와 주고 기도도 해줬다. 그들에게 가장 크게 보답하는 길은 내가 완쾌되는 것이다. 그들의 기도 속 소망이 마침내 이루어졌음을 확인하는 것이 그들에게 얼마나 기쁜 일이겠는가? 비록 의사가 "완치는 없다"고 했지만, 나는 완치를 위해 계속 노력할 것이다. 그게 나를 위해 응원해 주고 기도해 준 모든 이들에게 보답하는 최상의 길이라 생각한다. 그리고 나도 그들을 위해 기도한다. 아프지 말라고, "그들의 생각과 말과 행위를 주님의 평화로 이끌어 주소서"라고.

(2025. 7. 11.)

감사하지 않을 수 없네

암 투병 1년인데 지금 참 기쁘네
아직 치료 중이지만
감사의 기도 안 드릴 수 없네
지난 1년 늘 아팠었는데
특히 몸이 아팠었는데
이젠 그 아픔 사라지고 없네

이미 마음의 고통은 주님이 지워 주셨고
병으로 아팠던 몸
수술로 아팠던 몸
몸에 붙어 있던 그 아픔
이젠 사라지고 없네

먼저 주님께 감사하지 않을 수 없네
아프게 하시지만 손수 치유해 주신다고 했는데
정말 그러니 감사하지 않을 수 없네

친절한 의료진도 치료 잘 해 줬고
자식들과 형제들과 친지, 친구

많은 지인들 격려와 응원 컸으니
감사하지 않을 수 없네
쾌유를 빌며 기도해 준
신부님과 교우들도 고맙기 한량없네

중증 환자 생각해서
본인 부담 크게 줄여 준 나라에도 감사하네

차마 말 꺼내기 어려워 직접 연락 없었어도
조용히 걱정하고 기도해 준 이들 또한 감사하네

지난 1년 신세 진 몸
어찌해야 보답할까
열심히 노력해서 완치함이 보은일까
나도 그들 위해 기도함이 보은일까

아팠던 지난 1년 생각하면
모든 것
감사하지 않을 수 없네

(2025. 7. 11.)

간병 유감(遺憾)

아내가 세상을 떠난 지 올해로 10년이 됐다. 지금도 나는 잠실 집에 장모님을 계속 모시고 산다. 장모님은 올해 우리 나이로 103세이시다. 너무 연로하여 이제는 거동을 거의 못 하신다. 집 안방에 설치된 의료용 침대에만 누워 지내신다. 입주 간병인이 있어 식사는 물론, 밥 먹고 이 닦기와 몸 씻기(실은 몸 닦기)도 침상에서 한다. 대소변도 침상에서 해결한다. 요양보호사 자격증을 가진 간병인의 도움 없이는 하루도 편히 지낼 수가 없다. 간병인도 쉬어야 하기에 주말 하루는 본인 집으로 간다. 그런 날에는 다른 간병인이 와서 도와준다. 즉 주말 간병인을 따로 두고 있다.

다만 연휴가 있는 명절 때에만 식구들이 날짜를 배정하여 하루씩 장모님을 돌본다. 여기서 식구란 나와 딸과 아들이다. 아들이 외국에 나가 있을 때에는 딸과 내가 맡는 날짜를 배분한다. 전에는 멀리 떨어져 사는 처형이 와서 도움을 줄 때도 있었다. 그러나 처형도 팔순을 바라보는 노인이라 이제는 오기 어렵다. 본인 추스르기도 힘든 나이다. 이처럼 특별한 날을 제외하고는 대부분 간병인의 도움을 받는다. 각자 하는 일들이 있기에, 식구들은 모두 장모님을 계속 돌볼 수 있는 상황이 아니다. 그래서 부득이 간병인에게 의존한다. 결국 간병비에 의존한다는 말이다.

이게 대략 장모님을 모시는 우리 집 사정이다. 이런 식의 장모님 간병은 올해로 9년째다. 그 전에는 장모님이 스스로 움직일 수 있었다. 워커(walker)를 끌고라도 당신이 원하는 대로 움직였다. 그렇게 화장실에도 가고, 부엌이나 식탁에도 가고, 소파에 가서 앉거나 눕기도 하셨다.

그러나 8년 전 거실에서 쓰러져 넘어지면서 고관절이 골절되어 수술을 했고, 그 뒤에도 한 번 더 넘어져 다시 수술했다. 장 파열 수술로 위기를 넘긴 적도 있었다. 힘든 수술과 재활 과정은 어렵사리 거쳤지만, 그 이후부터는 장모님 혼자서 직접 할 수 있는 게 거의 없어졌다. 그리고 한 평 남짓한 의료용 침대가 장모님 주거 공간의 전부가 됐다. 또한 몸을 좌우로 돌려 눕거나, 누워서 손발을 움직이는 것, 식사를 할 때나 식후 이 닦을 때, 그리고 말을 할 때 입을 움직이는 것이 동작의 전부가 됐다. 요즘엔 욕창 방지를 위해 돌려 눕는 것도 다른 사람의 도움을 받아야 가능하게 됐다. 고령 탓에 눈도 어둡고 귀도 잘 안 들려서 정상적인 소통도 매우 어려워졌다. 전에는 말씀도 잘하시고 얘기도 잘 나누었는데, 이제는 말하는 것도 듣는 것도 모두 어려워졌다. 크게 말해야 겨우 알아 들으시고, 말수도 많이 줄어들었다. 다행히 치아가 좋으셔서 음식만큼은 잘 드셨는데, 최근 들어서는 식사량도 많이 줄었다고 한다.

이런 상황이 진행되는 가운데 아내가 없는 나는 8년 전부터 공직생활 때문에 학교를 잠시 휴직하고, 시내에 조그마한 오피스텔 하나를 얻어 따로 지냈다. 처음에는 가까운 데 직장을 다니던 아들과 같이 생활했지만, 아들은 얼마 후 해외로 나갔다. 장모님 가까이에 마침 딸 가족이 살고 있어 일상 중에는 딸이 할머니를 많이 챙겼다. 나도 매주 일요일에는 동네 성당을 가면서 집에 들러 장모님 상태도 체크하고, 장모님과 잠시나마 대화를 나눈 뒤 시내 숙소로 돌아오곤 했다. 늘 간병인에게 수고한다며 잘 부탁드린다고 인사하고 돌아왔다.

그런 생활을 한 지 5년 정도 지난 뒤, 나는 근무하던 학교에서 정년 퇴직을 했다. 그렇지만 시내 숙소에서 계속 생활했다. 잠실에 있는 집이 별로 넓지 않아서 그랬기도 했지만, 장모님과 간병인이 여유 있게 잘 지내 온 생활에 방해가 되고 싶지도 않았다. 그새 간병인이 몇 번 바뀌었지만, 나도 따로 지내는 게 편했다. 그래서 그런 '따로 생활'은 지금도 계속되고 있다.

　그러던 어느 날 내 몸에 병이 났다. 거의 1년 반 전부터 몸의 통증으로 불편을 느끼기 시작했고, 그러다가 1년 전에 암 판정을 받았다. 그래서 지난 1년 동안 암병원에서 계속 치료를 받았다. 그 기간 중 김포와 수색에 있는 한방요양병원을 이용하기도 했다. 물론 시내 숙소에 있으면서 병원을 오가기도 했다.

　내가 암 치료를 받는 동안에는 잠실 집에 거의 가지 못했다. 다니던 동네 성당에도 못 가고 머무는 곳 가까운 성당에 갔다. 한창 아프고 힘들 땐, 성당에는 못 가고 텔레비전을 보면서 TV 미사에 참여했다. 그래서 오랜 기간 장모님을 찾아뵙지 못했다. 늘 만나면 "아범! 아범!" 하던 장모님은 나를 자주 찾았다고 했다. 할머니 가까이 사는 딸과 해외에서 돌아온 아들은 내가 해외 출장 중이라고 했단다. 아빠가 중한 나라 일을 하느라 자주 오래 출장을 갔다고. 아이들이 가끔 장모님과 나를 전화 연결해 줄 때는 나는 마치 해외에 있는 것처럼 시늉했다. 낮에는 내가 있는 곳이 밤인 것처럼 인사했고, 밤에 통화할 때는 마치 내가 있는 곳이 낮인 것처럼 말했다. 그러는 사이 1년이 넘었다. 그새 두어 번 찾아뵌 적이 있었다. 해외 출장을 갔다가 잠시 귀국한 것처럼 행세했다. 아내가 먼저 세상을 떠나 이미 상심이 크신 장모님에게 사위마저 중병에 걸렸다는 말씀을 드리기가 참 어려웠다.

　다시 간병 얘기로 돌아가야겠다. 내가 정년 퇴임을 한 지도 3년이 넘었다. 본격 연금(年金) 생활자다. 현직에 있을 때보다 수입이 많이 줄었다. 다른 경제 활동을 전혀 안 한다. 이제는 중병에 시달리고 있으니 하고 싶어도 못한다. 그러니 연금 수입에 주로 의존하며 산다. 거기에는 내 생활비와 함께 적지 않은 병원비도 들어가고 있다.

현직에 있을 때는 장모님 간병비가 별 문제가 되지 않았다. 그간 저축해 둔 것도 있고 안정된 월급에다 약간의 부수입도 있었으니 간병비 걱정은 별로 하지 않았다. 그렇다고 간병비가 적은 것은 아니었다. 지역에 따라 차이가 있겠지만, 입주 간병인을 쓰게 되면 장모님 간병과 생활에 들어가는 돈이 매달 수백 만 원은 되었다. 사실 큰돈이었다. 그러나 수입 대비 지출로 따졌을 때 그리 큰 부담이 되진 않았다.

그런데 정년 후에는 사정이 달라졌다. 나와 우리 가족 모두의 생활비를 합치니 당연히 수입보다 지출이 훨씬 많아졌다. 내가 아프고 나서는 나의 병원비와 각종 치료비까지 추가되다 보니 그 차이는 더욱 커졌다. 특히 실비보험이 없는 나의 경우, 한방병원을 이용할 때는 지출이 크게 늘어났다.

나의 이런 사정을 아는 친구들은 가끔 나에게 묻는다. 아내의 형제들이 없느냐는 것이다. 있다고 대답하면 그걸 혼자 다 부담하느냐고 이어서 묻는다. 사정이 그렇다고 답하면 대부분 이해하기 힘들다는 표정을 짓는다. 여러 형제가 힘을 합해서 장모님 모셔야 되는 것 아니냐는 식으로 얘기를 한다. 그런데 그건 일반적인 생각일 뿐이다. 아내 형제는

3남 2녀이지만, 아들 둘은 먼저 세상을 떠났고 하나는 행방불명인 상태나 마찬가지다. 아내 언니, 즉 처형네가 있지만 늘 사정이 어렵다고 한다.

 게다가 장모님은 우리 아들이 태어나면서부터 30여 년 우리와 함께 같은 식구로 살아온 분이다. 맞벌이였던 우리 부부의 딸과 아들을 우리 대신 잘 키워 주신 분이기도 하다. 그러니 당연히 잘 모셔야 한다는 생각에는 변함이 없다. 그래서 경제적 부담이 되긴 되지만, 지금까지 주말 간병인을 포함한 입주 간병인의 도움을 받고 있는 것이다.

 이런 사정을 늘 안타깝게 생각하며 자주 미안한 마음을 드러내던 처형은 어느 날 나름의 새로운 제안을 했다. 내가 정년을 한 지 1년쯤 뒤의 일이다. 매달 어느 정도의 비용이 들어가는 지를 알려 준 얼마 뒤의 일이었다. 장모님을 요양원에 모시자는 것이었다. 평소 그런 생각을 전혀 하지 않았던 나는 그때부터 우리나라 요양원에 대해서 이리저리 좀 알아보고 살펴봤다. 전국은 물론 서울 시내와 주변에도 노인요양원이 참 많았다. 이용료도 생각보다 훨씬 저렴했다. 당시 C급은 매달 70~80만 원대, B급은 80~90만 원대, A급은 100만 원 내외였다.

 내가 왜 이런 걸 진작 몰랐을까 하는 생각이 들었다. 100만 원 정도면 A급 요양원에 모실 수 있는데 그동안 내가 너무 무식했구나 하는 생각도 들었다. 처형 입장에서 보면, 내가 참 한심하게 보였을 것 같다는 생각까지 들었다.

그래서 인터넷에 나오는 여러 요양원들 소개 글도 찾아보고, 그쪽 분야를 비교적 잘 알 것 같은 동생과 함께 서울 주변 몇 군데를 직접 찾아가 보기도 했다. 요양원 관계자의 자세한 설명을 듣기도 했다. 얼핏 보기에 괜찮은 곳도 일부 있었다. 당시 (코로나 상황 때문인지) 외부인이 입원실을 직접 눈으로 확인하는 것은 대부분 안 된다고 했다.

그런 과정을 거쳐 잠실 집에서 비교적 가깝고 오픈한 지 얼마 안 되는 한 곳을 잠정적으로 정했다. 이름도 아주 럭셔리했다. '바로 여기다'라고 생각했다. 그런데 곧 딸로부터 연락이 왔다. 인터넷 댓글에서 그 요양원에 대한 부정적인 얘기가 많다는 것이다. 요양보호사가 아주 불친절하다거나, 학대 행위까지 있었다는 내용들이었다. 그 말을 듣고 장모님 요양원 이전 계획을 바로 접었다. 그러는 사이 일부 가까운 친구들로부터도 요양원에 대한 안 좋은 얘기도 들었기 때문이다. 그동안 부모님을 집에서 모시다가 형제들끼리 합의해서 요양원으로 옮겨 모셨는데, 얼마 안 돼 돌아가셨다는 얘기였다. 그런 경우가 여럿 있었다. 대부분 환경이 바뀌니까 노인들이 제대로 적응을 못하고 돌아가신 것으로 보였다.

그래서 한동안 모든 게 원점으로 돌아갔다. '요양원은 갈 데가 못 되는구나' 하고 판단했다. 그러던 차에 동네 한 지인으로부터 "프리미엄급" 요양원이 있다는 얘기를 들었다. 비용은 일반 요양원 A급보다 2배 정도 비싸지만, 환자나 가족 만족도가 매우 높다는 그런 요양원을 알려 줬다. '바로 이거

다' 싶었다. 그것만 해도 입주 간병인 이용 시보다는 반 이상 비용을 줄일 수 있다고 생각했다. 보다 적은 비용에 장모님도 만족하신다면 일석이조가 아닌가 생각했다. 아이들도 대체로 동의했다.

그런데 결정적인 데서 장모님의 요양원 이동이 어렵게 됐다. 장모님이 그리 달가워하지 않으신다는 것이다. 말씀으로는 어디든 좋다고 하셨지만, 실은 집 떠나는 것을 꺼린다는 것이었다. (누가 옆에서 무슨 얘기를 했는지는 모르지만) 자꾸 "정말 요양원 가는 거냐"고 물으시곤 하시더라는 것이다. 가기 싫다는 뜻이었다. 당신이 평소 살아오시면서 노인요양원에 대해 어떤 부정적인 생각을 가지고 계셨을 수도 있다. 노인이 집을 떠나 요양원으로 가면 '이제 죽으러 가는구나'라고 생각할 수도 있는 것이다.

교회에서 70세까지 권사로 봉사하셨고, 이제 은퇴한 지도 30년이 넘는 장모님은 신앙심도 매우 깊은 분이셨다. 오래전부터 장모님은 식구들을 만나면 "주님 제발 날 좀 빨리 데려가 주세요"라고 기도하신다고 했다. 그렇지만 장모님은 직접 말씀은 안 하시지만, 간병인의 말로는 집 떠나 요양원 가는 건 아주 싫어하신다는 것이다.

아무튼 이런 우여곡절을 겪으며 아직도 우리는 장모님을 집에서 모시고 있다. 워낙 연로하시니 당신이 앞으로 사시면 얼마 더 사시겠는가 하는 생각. 괜히 요양원으로 모셨다가 얼마 안 돼서 무슨 변고라도 생기면 어쩌나 하는 생각, 내

친부모님은 50대 중반에, 장인어른은 60대 중반에 모두 비교적 일찍 돌아가셨는데, 이제 한 분밖에 안 남은 부모님이자 오래전부터 한 식구로 사신 장모님이라도 끝까지 잘 모셔야 되는 것 아닌가 하는 그런 생각, 하늘나라로 먼저 간 아내가 우리를 보며 무엇을 바라고 있을까 하는 생각… 장모님을 모시면서 그런 여러 생각들이 겹쳐 밀려왔다. 그런 생각 끝에, 끝까지 장모님을 계속 집에서 모시는 것이 좋겠다고 결론지었다. 그게 당신이 원하는 것이기도 하니까.

그러면서도 이런 노인 요양 문제가 우리 집만의 특수한 문제가 아니라는 생각이 동시에 들었다. 이는 고령화 사회로 급속 진행하고 있는 우리 사회가 이미 직면하고 있는 문제이다. 쓰나미처럼 밀려오는 큰 문제이자 사회적 과제라고 생각된다. 동시에 각 가정이나 집안이 이미 안고 있거나 곧 당면하게 될 문제이기도 하다.

많은 가정에 큰 부담을 주고 있는 입주 간병인 이용 가정을 포함하여 노인 요양에 대한 국가 차원의 보다 합리적인 대책과 적극적인 지원이 필요할 것 같다. 그리고 다른 한편으로는 이는 각 가정이나 집안에서도 가족이나 식구들이 지혜롭게 합심 대응해야 할 문제라고 생각된다. 갈수록 부담이 너무 크기 때문이다.

(2025. 6. 27.)

간병 유감(遺憾)

부모님 장인어른 일찍이 세상 뜨고
아내도 십 년 전에 하늘로 올랐으니
홀로 된 우리 장모님 어찌해야 잘 모실꼬

백 세를 훌쩍 넘긴 건강일꾼 장모님이
몸 다친 뒤 팔 년 동안 집에서 침상 생활
간병인 도움 받기가 이제는 힘에 겹네

요양원 좋다 하여 여기저기 알아보고
좋은 곳 모신다고 골라서 정했지만
장모님 내키지 않는 그 마음 애달프다

노인들 늘어나고 백세를 넘겨 사니
나라의 노인 문제 갈수록 태산이네
다 함께 지혜를 모아 슬기롭게 대응하세

(2025. 6. 29. 시조)

Part 3

쓰다 보니
세상 벗들에게 보내는 짧은 고백

―――――――

친구들은 모두 꽃 되어 웃고 있네
떠나간 친구들은
별꽃 되어 하늘에서 웃고
남겨진 친구들은
눈꽃 속 동백꽃처럼 웃고 있네

어느새 나도

아침 운동을 나갔다
뛰고 걷다가 불현듯 떠오른 생각
'어느새 나도
글로벌 기업의 광고판이 되었네'

모자는 타이틀리스트(Titleist)
잠바는 아디다스(adidas)
티셔츠는 네파(Nepa)
바지는 뉴발란스(new balance)
신발은 나이키(Nike)

어느새 나도
걸어 다니는 광고판
뛰어 다니는 광고판
살아 움직이는 광고판이 되었네
온몸이 광고판이 되었네

(2017. 6. 15.)

이미 가장 즐거웠던 날

앞으로 정녕 내게 가장 즐거운 날이 올까?
당신을 생각하면
그러고 싶어도 전혀 그럴 리 없을 것 같네
가장 즐거웠던 날은 이미 있었으니까
당신과 함께
세상을 떠난 당신과 함께

(2018. 6. 27.)

충북 제천의 천주교 배론성지에서 아내와 함께

가을비

비가 많이 오는구나
추석 앞둔 가을장마

퇴근 후
창밖 내다보며 술 한잔 할까
詩라도 한 편 쓸까

아니야
가만히 눈감고 쉬는 게 나아

하루 내내 지친 피로
가을비 소리에 씻고
추석에 볼 큰 보름달
미리 떠올리며
보고픈 얼굴이나 새겨 봐야지

넘 일찍 돌아가신 울아부지, 어머이
나보다 먼저 간 아내
다쳐서 혹은 아파서 떠나간 내 친구들

추석 앞에 가을비 추적추적 내리는데
마음속엔 이미 달이 떴다

그리운 얼굴들
동그란 달 속에 한참 머물다
빗물 타고 내린다
내 마음에 내린다

칸칸이 추억 담은 열차가
저만치 지나간다

보고픈 마음에 눈물이 난다
가을비도
어느새 눈물이 된다

(2019. 9. 10.)

의사 윤한덕

젊은 의사가 병원에서 갑자기 죽었다
자기 사무실 책상에 엎드린 채로 세상을 떠났다
설 명절 연휴인데
집에도 안 가고 일하다 하늘로 갔다
늘 그렇게 열심히 일했다 한다
일하다가 지쳐서 돌연사했다고 한다
응급의료센터장이라는데
본인은 응급조치도 못 받고 그렇게 갔다
자신을 돌보기보다 남을 돌보다 그렇게 갔다
국화꽃 한 다발 커피 한 잔 덩그라니 문밖에 있듯
힘들고 외롭게 그렇게 갔다
이 시대에 꼭 필요한 사람
우리 사회가 꼭 지켰어야 할 의사
그런 사람이 애석하게도 돌연 우리 곁을 떠났다
갓 쉰을 넘긴 젊디젊은 나이에 그는 홀연히 갔다
아쉽디 아쉽고 너무나 안타깝다
젊은 의사의 갑작스런 죽음이
설 연휴로 한참 들떠 있던 우리들에게
온갖 이기심으로 가득 차 있던 우리들에겐

돌연, 성(聖)스럽기까지 하다
아직도 우리에겐 이런 사람이 있다
아직도 우리에겐 이런 의사가 있다
그의 죽음이 눈물겨우나 어느덧 향내 되어
우리들 가슴에 번져 오른다
그를 다시 살리는 길은 없을까
그의 뜻을 새기어 되살리는 게 그를 살리는 길일까
그를 닮은 후배들을 키워 내는 게 그를 살리는 길일까
그와 같이 살고자 하는 것이 그를 살리는 길일까
가슴에 파문이 인다
醫師가 義死하니 義士로다
[의사가 의사하니 의사로다]

(2019. 2. 9.)

늘

늘 거기에 가면
늘 그런 것들이 있다

세월이 흘러 나는 나이 들어가는데
늘 거기에 가면
늘 그런 것들을 본다

대학 캠퍼스는 늘 젊다
발랄한 청년 학생들로 늘 활기차다
아무리 오래된 학교도 늘 20대가 대학 주류다

시장은 늘 시끄럽다
목청 큰 장사꾼들 호객 소리로 늘 떠들썩하다
불이 꺼질 때까지 시장은 늘 북적댄다

병원은 늘 부산하다
어딘가 아픈 환자들로 늘 마음이 무겁다
함께 온 가족들도 늘 걱정스런 얼굴로 붙어 다닌다

공항은 늘 복잡하다
떠나는 여행객들은
늘 새벽부터 위층에서 북적대고
도착한 승객들은
늘 아래층에서 흘러나온다

놀이동산은 늘 재밌다
신나는 아이들의 해맑은 탄성(歡聲)으로
늘 즐겁다
같이 온 엄마 아빠는
늘 걱정도 하지만 덩달아 즐긴다

무덤은 늘 조용하다
세상 뜬 사자(死者)들은 늘 말이 없다
이따금 찾아오는 참배객들도
늘 조용히 상념에 젖는다

어딜 가든 늘 고만고만한 사람들이 있다
아이는 청년이 되고 청년은 장년이 되어
늘 그렇게 살아가고 있다
장년은 노년이 되고
또 새로운 아이가 태어나
늘 그렇게 살아가고 있다

늘 거기 늘 그런 듯해도
실은 늘 거기
늘 새로운 것으로 채워지고 있다

(2019. 10. 5.)

눈빛 마을

코로나 때문에
모두 마스크 썼다
얼굴을 가린 채로
눈만 내놓고 다닌다

눈으로라도 인사하는 사람
눈이 참 이쁘다

눈만 슬쩍 보이는 사람
눈은 이쁘다

눈도 안 마주치는 사람
눈만 이쁘다

눈으로라도 웃는 사람
눈도 이쁘다
눈빛은 더 이쁘다

말은 없지만

모두가
눈으로 말하고 있다
눈빛으로 말하고 있다

(2020. 3. 15.)

물어보게 되네

한처음부터 모든 것 만드신 분
모든 게 그분의 뜻

그러니 뜻밖의 것 있을까?
뜻밖의 사람 있을까?

짧든 길든
높든 낮든
검든 희든
한 번 왔다가 가는 인생 모두 그분 뜻 아니겠나

그래서 물어보게 되네, 그분께

이미 왔다 간 사람이건
지금 여기 있는 사람이건
앞으로 왔다 갈 사람이건

그들과 당신의 거리는 얼마나 되나요?
각기 다르나요?

모두 같나요?
예수님은 빼고서라도

그분은 아마도 답하실 거야
한 역할씩 하고 가는 거라고
당신의 뜻대로
꼭 필요한 역할을 하고 가는 거라고
내 의지를 넘어
그러나 내 의지인 것처럼

그래서 자꾸 또 물어보게 되네
그분께
거듭 되물어보게 되네
그분께

그분의 뜻 안에서 왔다 가는 모두를
다 같이 사랑하시는지
그분이 예정한 일들 하고 가는 모두에게
다 같은 점수라도 주시는지

모든 게 그분의 뜻이(라)기에

(2020. 3. 27.)

텔레그램

"김○○ 님이 8Talk에 가입했습니다"
나는 나의 눈을 의심했다
분명 그 이름 "김○○"
그토록 애지중지 가슴에 품고 살아온 이름 아니던가
40년도 넘게, 아니 45년 가까이
오매불망 그리던 이름 아니던가
어찌 알고 연락했을까
이제사 정녕 나를 찾나 보다, 이제사
'나중에 조용히… 집에 가서 확인해 봐야지'
귀한 물건 고이 싸 간직하듯
마음 한켠에 잠시 묻어 두었네, 일 보는 동안

지금은 어디에 살고 있을까?
결혼 뒤 어떻게 살아 왔을까?
건강은? 몸은 성할까?
(누군지도 모르지만) 남편은? 행복할까?
(있는지도 모르지만) 자식들은? 속 안 썩일까?
온갖 궁금증이 겹겹이 쌓이고 밀려드는데
나는 문자로 물어보았다

"혹시 제가 아는 분이신가요? 김○○ 씨!"

잠시 후 텔레그램 답 문자가 왔다.
"원장님이세요?"
바로 그 순간 아~!
다른 김○○의 얼굴이 떠올랐다
내 가슴에 품고 살아온 그녀가 아닌
오매불망 그리던 그녀가 아닌
다른 한 여인이 떠올랐던 것이다

입가에 실없는 웃음이 흘렀다
동명이인이었다
그녀는 지금 어디서 무엇을 하고 있을까?
같은 궁금증이
해답 없이 다시 되살아났다

(2020. 3. 31.)

돌아온 캠퍼스
- 3년 휴직 후 복직을 앞두고

학교를 떠나 보니 보고픈 게 그대들
물고기 물 떠나면 하나도 못 살듯이
선생이 학생 없으면 그 누가 알아주나

학교를 떠나 보니 두려운 게 그대들
수업 땐 반응 보며 일희일비 했었는데
다시 할 강의 생각에 벌써부터 걱정이네

학교를 떠나 보니 낯선 게 그대들
전에는 내가 너흴 주인인 듯 맞았는데
이제는 돌아온 나를 객인 양 하는구나

(2020. 4. 1. 상상 시조)

첫사랑

나이 두 자릿수가 되면서 철이 들었나
그때부터 학교도 남녀부동석
초딩 때 여학우 반에서 그녈 첨 봤다
설레고 뛰는 가슴으로
내내 마음에 담아 두다가
중딩 때 여학교로 첫 편지 띄워 보냈다
기대 반 걱정 반으로
답장이 왔을 때 그 벅찬 감동
뭐라 표현할까
"첫사랑 편지로 찌릿 전기 통했다"
음양의 조화가 이런 것인가

세월은 흘러 외롭던 어느 날
우연히 첫사랑이 내 이름 불렀다
고개 돌려 보니 그녀 아닌가
50년 세월 거슬러
초딩 때 그 아이가
내 눈 앞에서 빙긋이 웃고 있었다
설레고 뛰는 가슴은 예나 매한가지

"세월이 흘렀어도 찌릿 전기 통했다"
음양의 조화가 이런 것인가

마음에 있는 말을 어떻게 표현할까
혹여나 다칠까 혹여나 실망할까
섣불리 속마음 드러내기 어려워라
어찌곰 알았는지 그녀가 한 발 앞서
내 마음 알아채곤 오작교를 놓고 갔네
같은 하늘 아래 어쩌다 마주하면
이심전심 달밤이요 두리두리 수월래라
설레고 뛰는 맘은 변함이 없구나
"나이는 먹었어도 찌릿 전기 통했다"
음양의 조화가 이런 것인가

(2020. 5. 3.)

첫 키스

내가 쓴 글 하나로 시작된 인연
오고 간 편지 모닥불 되어
둘은 결국 입술을 주고받았다

젊은 군인들이 청춘 불태워
혼 서린 충혼탑 아래서
추운 겨울 밤
둘은 입술로 사랑의 불 지펴 올렸다

강변을 따라 따라
강물이 쉼 없이 흐르듯
키스도 seamless seamless

팬 레터인지 러브 레터인지
오고 간 편지 속엔
사연도 많고 그림도 많았지만
이제 (무슨 말이 필요해)
혀로 말하던 둘은 혀로 말을 막으며
가장 거친 침묵으로 소용돌이쳤다

古都의 성벽과 강물 샛길 따라
둘은 구르듯 걸음했다
입 맞춘 채로

첫 키스는 몹시 요란했다
강물은 조용히 흐르는데…

(2020. 5. 4.)

코로나

또 한 번 지나가는 그런 병인 줄 알았지
신종플루, 에볼라, 지카 바이러스, 메르스 같은
한동안 시끄럽다 말겠지 했네
그런데 웬걸… 갈수록 장난 아니네
마스크 쓰는 건 선택에서 필수로
이젠 거의 의무가 됐네

처음엔 중국, 한국, 이탈리아, 스페인…
세계 2위, 이땐 엄청 쫄았지
대구, 신천지, 요양병원…
낙인 찍힌 이름들 많이도 힘들었지
의료진과 봉사자들 연일 힘들었지
정은경 본부장도 물론 힘들었지
손 씻어라, 마스크 쓰라, 거리두기 해라
이젠 미국, 브라질, 인도, 러시아…
중국은 22위, 한국은 63위
말 잘 듣는 국민 덕에
우린 졸지에 방역 선진국 됐네
큰 선거도 치루고 개학도 하고

프로야구에, 골프까지… 관심 국가 됐네

근데 여기서 끝나질 않네
애쓰고 애쓰건만 좀체 잡히질 않네
공든 탑 무너질까
들인 공 헛일 될까 걱정이 태산이네
안에선 꺾이지 않고, 밖에선 더욱 치솟네

"코로나"
가장 많이 쓰는 단어
가장 많이 생각나는 단어
가장 많이 영향 주는 단어
어느새 빅데이터 속 제왕이 되었네
이제 생각도, 말도, 일도, 만남도, 제도도
코로나를 중심으로 재구성되네
"포스트 코로나 시대"의 이름으로
아니 아예 "코로나 시대"의 이름으로

한 순간 지나가는 유행병인 줄 알았는데
코로나는 아예 권좌에 앉아
세상을 호령하고 있는 것 같네
마치 제왕처럼
마치 독재자처럼

그새 수천만 명 잡혀 가고, 수십만 명 목숨 잃었네
문은 닫히고 길은 끊기고, 얼굴마저 모두 가렸네

코로나 치하에서 반란을 꿈꾸는 많은 사람들
언제 다시 참된 해방의 날이 오려나
언제 다시 마스크 벗고
자유롭게 숨 쉬는 날이 오려나
길고 긴 싸움의 끝 아직은 보이질 않네

코로나와 싸워 이기기 위한 반군의 핵심 전략
"흩어지면 살고 뭉치면 죽는다"

분명 세상이 바뀐 거지
가급적 만나지 말고, 말하지 말고
돌아다니지 말라고 하네
서로 만나기 위해
마주 보고 말하기 위해
마음껏 자유롭게 돌아다니기 위해
만나지도 말하지도
돌아다니지도 말라고 하네
역설의 시간이 흐르네

얼싸안고 함께 환호하던 그 많은 순간들

다시 그런 과거로는 돌아갈 수 없는 걸까
뭉치고 외치면서 하나 되던
그런 격정의 시간은 이제 추억인가
괜한 걱정이기를 바랄 뿐이네

다시 밖으로 나가야 할 시간
너무도 자연스레 마스크를 찾아 쓰네
그리고
오늘도 넓고 깊은 불신의 거리를 걸어가네
피해자인 우리 모두가
어느새 잠재적 가해자가 되어 있네

(2020. 7. 7.)

어버이날

5월 8일은 모두의 어버이날
생일은 각자의 어버이날
어버이 없이 어찌 내가 있으랴

생일이 되면
돌아가신 부모님 생각에 더욱 외롭다
그래서 내 생일은 마음으로나마 부모님 모시는
내 어버이날이다

(2020. 7. 13.)

노숙자 예수

집 앞에 오래된 공원 하나 있다
지금은 역사공원이라지만 옛날엔 사형터였다
수많은 사람이 형장의 이슬로 사라졌다
그중엔 가톨릭 순교자도 많았다
복원된 우물에선 망나니가 칼을 씻었다 한다
악해서 죽은 이도 있지만
착해서 당한 이도 많았다
그래서 순교자 위한 현양탑 하나 우뚝 서 있다
"복되어라. 의로움에 굶주리고
목마른 사람들"(마태오 5:6)

현양탑엔 십자가상 예수와 순교자들 이름 새겨져 있다
그 옆엔 새로 만든 조각상 하나
공원 벤치에 예수가 구부린 채 누워 있다
"노숙자 예수"란 제목으로

그 공원엔 이전부터 노숙자들 많았단다
서울역 가까이 있는 탓도 있으리라
수년 전 역사공원으로 새로 꾸며지며

벤치들을 이곳저곳에 많이 설치해 놨다
앉기도 좋지만 눕기도 좋게
노숙자 위한 배려가 물씬 느껴진다

간혹 공원 산책하다 보면
벤치마다 노숙자들 여기저기 누워 있다
각자 힘들었을 삶의 압축파일 안고
유에스비처럼 나란히들 누워 있다
그때마다
노숙자 예수와 그들이 오버랩된다
"내가 진실로 너희에게 말한다.
너희가 내 형제들인 이 가장 작은 이들 가운데
한 사람에게 해 준 것이 바로 나에게 해 준 것이다"
(마태오 25:40)

눈앞 노숙자를 위하여?
아직 내겐 관념일 뿐이다
현양탑 예수
노숙자 예수 앞에서 그저 부끄러울 뿐이다

(2020. 7. 15.)

어려운 사람 웃기는 사람

지난번에는 "시킨 일만 한다"고 꾸짖더니
이제는 "시키지도 않은 일 했다"며 야단친다
참 힘들다

회의 때마다 늦는 윗사람
"기본이 안 돼 있다"며 아랫사람 나무란다
참 웃긴다

(2020. 8. 27.)

사람 사이

해야 할 일을 하지 않으면 문제가 생기고
해서는 안 될 일을 하면 사달이 난다

해야 할 말을 하지 않으면 오해가 생기고
해서는 안 될 말을 하면 싸움이 난다

일해야 할 사람과 일하지 않으면 일벗을 잃고
일해서는 안 될 사람과 일하면 일을 잃는다

말해야 할 사람과 말하지 않으면 말벗을 잃고
말해서는 안 될 사람과 말하면 말을 잃는다

(2020. 8. 27.)

그대 지금 어디에 있나
- 목아(目兒)를 불러본다

그대 지금 어디 있나 어디서 무엇 하나
난 그댈 못 잊는데 그대는 날 잊었나
내 맘속 그리운 사랑 갈닦여서 보석 됐네

학창의 짧은 만남 깊고 푸른 우리 사랑
밤늦게 헤어지고 새벽 오면 또 만났지
손 잡고 웃고 운 시간 아쉬움만 가득하네

사진 속 그대 모습 지금 봐도 예쁜 얼굴
꿈속엔 어쩌다가 지나치듯 숨바꼭질
언젠가 어디에선가 살아생전 다시 볼까

(2021. 1. 7. 시조)

시간 1

시간은 아무 말도 하지 않는다
그러나 모든 것 갈아 치운다

비바람은 피할 수 있지만
시간은 피할 수가 없다
전쟁과 폭풍우 지나간 자리엔
그래도 살아남는 자 있지만
시간이 지나간 자리엔
살아남은 자 아무도 없다

그의 성공과 실패?
곧 지워질 발자국 같은
평판만이 덩그러니 남아 있다

그래서
주어진 시간은 공평하고
지나간 시간은 가혹하다

(2020. 12. 31.)

시간 2

무거운 걸 들고 걸어 보면
시간은 참 더디 가더라
아무것도 들지 않고
그냥 가볍게 걷다 보면
시간은 쉬 잘도 가더라

무거운 마음으로 잠자리에 들면
힘겹고 긴 밤이 되더라
가벼운 마음으로 잠자리에 들면
어느새 새날이 오더라

그래선지
시간의 무게는
시간의 길이와 같은 것 같다

(2023. 11. 5.)

아들 생각

아들이 오늘 떠났다 낯선 땅으로
남들은 코로나 때문에 다시들 돌아오는데
아들은 거슬러 밖으로 나갔다
강남 갔던 제비들 봄 되어 돌아오는데
이 봄에 아들은 되레 강남행이다
자기 나름의 과감한 첫 선택
"나가야겠다"

초, 중, 고, 대 그리고 잠깐 잠깐의 직장
돌아보니 자신만의 선택은 아니었던 것 같다
그러나 이제 그는 "택"했다, 자신의 길을
비로소 둥지를 떠난 것이다
날아라 훨훨… 조나단 리빙스턴 시걸 같이
어디 기쁨만 있으랴, 어디 고난만 있으랴
이제 비로소 삶의 주체가 됐으니
모든 게 이젠 너의 뜻, 너의 탓이로다
잘 돼도 네 탓, 못 돼도 네 탓
(우주에 홀로 선 너를 뒤에서 지켜보마)

아빠는 오늘 떠나간
너의 어질러진 빈 방을 바라보다
한껏 정리하고 또 청소까지 했단다
그런 너의 미래에
아빠는 먼저 가 있고 싶었나 보다

(2021. 3. 4.)

꽃다운 친구야

한철 꽃처럼 살다 먼저 간
친구들 얼굴 떠오르네
그들은 갔지만 꽃은 때 되어 다시 피어오르네

봄 벚꽃마냥 일찍 피고 일찍 져 버린
소년 시절 친구는
늘 벚꽃 같은 얼굴 그대로 되살아나네

여름 장미처럼 활짝 피고 환히 웃다 간
청년 시절 친구는
늘 장미 같은 얼굴 그대로 되살아나네

가을 국화처럼 함초롬히 피었다 시든
중년 시절 친구는
늘 국화 같은 얼굴 그대로 되살아나네

겨울 동백처럼 세상 풍파 모두 이겨 낸
노년 시절 친구들은
선운사 부처님 같은 얼굴로 웃고 있네

눈꽃 속에서 동백꽃처럼 웃고 있네

친구들은 모두 꽃 되어 웃고 있네
떠나간 친구들은
별꽃 되어 하늘에서 웃고
남겨진 친구들은
눈꽃 속 동백꽃처럼 웃고 있네

(2025. 8. 2.)

사랑하는 당신에게

1판 1쇄 발행 2025년 9월 24일
1판 2쇄 발행 2025년 10월 24일

지은이 강상현
펴낸이 신주영

책임편집 이윤
디자인 이사과
편집위원 애니
펴낸곳 요세미티(Yosemite)
출판등록 제2018-000046호
이메일 yosemitebook@gmail.com
팩스 02-6305-4279

ⓒ 강상현, 2025
ISBN 979-11-972045-5-5 03810

*이 책은 저작권법에 따라 보호를 받는 저작물이므로
 무단 전재와 무단 복제를 금합니다.
*이 책의 전부 또는 일부 내용을 이용하려면 반드시 저작권자와
 요세미티 출판사의 사전 서면 동의를 받아야 합니다.
*잘못된 도서는 구입처에서 교환해드립니다.

요세미티는 여러분의 귀중한 원고와 기획을 환영합니다.
출판 컨설팅·투고 yosemitebook@gmail.com